MALEN MIT AQUARELLFARBEN LEICHTGEMACHT

MALEN MIT AQUARELLFARBEN LEICHTGEMACHT

JOSÉ M. PARRAMÓN/G. FRESQUET

Geschichte, Technik,
Material, Theorie und Praxis
der Aquarellmalerei

EDITION
MICHAEL FISCHER

Titel der Originalausgabe: „Cómo pintar a la acuarela“
Aus dem Spanischen übertragen von Christa L. Cordes

9. Auflage 2002

Herstellung und Satz:
Verlagsservice Henninger GmbH, Würzburg

Printed in Spain

ISBN 3-924433-27-5

Inhalt

1

2

Einführung für die neue Ausgabe

Schon vor einigen Jahren veröffentlichten der berühmte Aquarellmaler Guillermo Fresquet und der in aller Welt für seine Lehrbücher über die schönen Künste bekannte Professor für Zeichnen und Malen José M. Parramón ein Buch über das Malen mit Aquarellfarben.
Das Buch erzielte einen durchschlagenden Erfolg: Wenige Monate nach seinem Erscheinen in Spanien erfolgte die Veröffentlichung der französischen Ausgabe, und im Laufe der drei folgenden Jahre kamen nacheinander Übersetzungen in England, Italien, Japan, den Vereinigten Staaten, den Niederlanden, Portugal und Deutschland heraus. In Spanien erschienen inzwischen mehr als 20 Auflagen; in Frankreich sind es mehr als 15, in Deutschland mehr als zehn Auflagen ... Die Gesamtauflage beträgt mittlerweile über 600 000 Exemplare.
Dieser Erfolg ist zum einen darin begründet, daß mit Fresquet ein großer Fachmann auf dem Gebiet der Aquarellmalerei gefunden wurde – ein Künstler, der wirklich *weiß*, wie man mit Aquarellfarben malt, und Parramón nicht nur Künstler, sondern auch Professor für Zeichnen und Malen ist, also ein Autor, der *weiß*, wie man unterrichtet.
Fresquet und Parramón haben sich jetzt noch einmal zusammengetan, um den Inhalt dieses Werkes zu überarbeiten und zu erweitern. Dabei fanden neues Material und neue Techniken Aufnahme in das Buch, und die Anzahl der Abbildungen und grafischen Beispiele wurde mit Hilfe neuer Fotos und zusätzlicher Reproduktionen von Aquarellen vergrößert, so daß das Buch jetzt noch mehr Bilder und Farbe enthält.
Wir, die Autoren, meinen, daß es sich praktisch um ein neues Werk handelt, das zwar nach demselben didaktischen Verfahren wie die frühere Ausgabe aufgebaut wurde, das hinsichtlich der Technik und des Materials jedoch wesentlich aktueller und, verlegerisch gesprochen, dynamischer geworden ist. Wir sind jedenfalls davon überzeugt, daß diese neue Ausgabe noch besser ist als die erste Version von „Richtig malen mit Aquarellfarben", nach der schon 600 000 Kunstfreunde mit Aquarellfarben malen lernten.

Guillermo Fresquet
José M. Parramón

Abb. 1 und 2: *Fischergruppe* und *Canal Grande in Venedig* von Guillermo Fresquet bzw. José M. Parramón, den Autoren dieses Buches.

Die Geschichte des Aquarells ist noch kurz; sie beginnt in der Tat erst vor 183 Jahren mit der Gründung der *Gesellschaft der Aquarellmaler* im Frühjahr 1804 in England, die ein Jahr später ihre erste Ausstellung veranstaltete. Von diesem Zeitpunkt an begann man wirklich mit Aquarellfarben zu malen. Und trotz zahlreicher Diskriminierungen und übler Nachreden seitens der Ölmaler wurde das Aquarell bald als künstlerisches Ausdrucksmittel anerkannt. Damals tauchten auch die ersten, wirklich berühmten Aquarellmaler auf: Turner, Girtin, Cotman, De Wint – allesamt Engländer. Denn die *eigentliche* Aquarellmalerei begann in England. Ich betone das Wort „eigentlich", weil Rubens, Jordaens, van Dyck und Dürer – vor allem letzterer – schon viele Jahre zuvor mit Aquarellfarben gemalt hatten. Doch sie betrachteten die Aquarellmalerei als Hilfsmittel für Studien und Entwürfe von Werken, die später in Öl ausgeführt werden sollten.
Hier also die kurze Geschichte der Aquarellmalerei.

3

4

Kurze Geschichte der Aquarellmalerei

Das 18. Jahrhundert – das Zeitalter der „großen Reisen"

Mitte des 18. Jahrhunderts entdeckten die Engländer Rom. Die Folgen dieses neuen Interesses sollten für die Geschichte der Aquarellmalerei von entscheidender Bedeutung werden.

Der Klassizismus hatte gerade seinen Höhepunkt erreicht und übte einen maßgebenden Einfluß auf die Architektur, die Bildhauerei und die Malerei aus. Sein Ziel war, die Normen der klassischen Kunst der Griechen und Römer wieder aufleben zu lassen.

Die klassizistische Bewegung weckte die Neugier der Menschen auf die Zentren der klassischen Kultur: Unzählige Reisende begaben sich nach Athen und vor allem nach Rom und besichtigten dort die Zeugnisse der Vergangenheit: das Kolosseum, den Titusbogen, die Trajansäule, das Hadrianmausoleum und die Thermen von Caracalla.

Es war das Jahrhundert der „großen Reisen". Wer immer die Möglichkeit dazu hatte: Industrielle und Kaufleute, Gelehrte, Künstler, Politiker und Adelige, reiste aus beruflichen Gründen, zur Weiterbildung oder einfach aus Neugier über die Grenzen, um andere Kulturen und Länder kennenzulernen.

Die ersten Reisenden in die Ewige Stadt waren einfühlsame, gebildete Engländer. Als Andenken nahmen sie Radierungen und Stiche mit künstlerischen Zeichnungen der Baudenkmäler und römischen Landschaften mit nach England zurück, die in Schwarz-Weiß oder Sepia gehalten waren. Diese Zeichnungen, von den Italienern Veduten (Ansichten) genannt, stammten ursprünglich von so berühmten Meistern wie Carlevari, Canaletto und Piranesi. Diese stellten rund 400 Veduten her, von denen Tausende von Radierungen angefertigt wurden. Mitte des 18. Jahrhunderts waren Veduten von Roma groß in Mode, und diese künstlerische Technik verbreitete sich bald in ganz Europa (bekannt wurden die Italiener Ricci, Panini, Guardi; die Engländer Pars, Rooker, Cozens etc.). Die Veduten wurden nicht nur in Rom verkauft, sondern auch nach Großbritannien exportiert, wo man nun ebenfalls Radierungen und Kupferstiche in Sepia oder Schwarz herstellte. Es waren zumeist herrliche Arbeiten, die als Wandschmuck gedacht waren.

Abb. 3 und 4 (Seite 9): Albrecht Dürer, *Grasstück* (Ausschnitt), Albertina, Wien, und *Selbstporträt mit Landschaft, Prado,* Madrid.

Während es sich bei dem Selbstporträt um ein Ölgemälde handelt, ist das *Grasstück* eines der bekanntesten Aquarelle von Dürer.

Abb. 5 und 6: Claude Lorraine, *Flußlandschaft. Blick vom Monte Mario auf den Tiber bei Rom,* British Museum, London. Unten Francisco Guardi, *Häuser am Canal Grande in Venedig* (Ausschnitt), Albertina, Wien. Seit der Renaissance malten zahlreiche Künstler Lavierungen des antiken Roms oder sonstige Motive.

5

6

Der Beginn der Aquarellmalerei

Eines Tages kam jemand auf den Gedanken, die Radierungen mit Hilfe von Aquarellfarben aufzuwerten. Nach und nach gewann diese Handkolorierung der Drucke eine immer größere Bedeutung, bis sich die Zeichnungen schließlich in Aquarelle verwandelten.
Zu dieser Entwicklung trugen mehrere englische Künstler bei. Erwähnt seien hier vor allem John Robert Cozens und insbesondere Paul Sandby, der die Kolorierung der Drucke in Serien erledigte und die Aquarellmalerei mit neuen Techniken und Verfahren vervollkommnete.

7

8

9

Abb. 7: John Robert Cozens, *Der Albaner See und Castell Gandolfo,* British Center of Art, Yale, New Haven.

Abb. 8: Paul Sandby, *Landschaft,* British Museum, London. Dieser englische Stich ist ein Beispiel für die ersten schwarzen Druckgrafiken, die mit Aquarellfarben koloriert wurden.

Abb. 9: Michael „Angelo“ Rooker, *Gobington, Kent* (Ausschnitt), Victoria and Albert Museum, London. Ein typisches Aquarell des 18. Jahrhunderts, dessen Details von der minutiösen Arbeit auf der Druckplatte aus Stein zeugen.

Vorläufer und Pioniere

Doch kehren wir noch einmal zu den Anfängen der Geschichte der Aquarellmalerei zurück, deren Ursprung in Ägypten liegt, wo man die berühmten Totenbücher auf Papyros malte. Das Mittelalter und die Renaissance nahmen diese Technik für die Miniaturenmalerei wieder auf. Der bekannteste Vorläufer der Aquarellmalerei des 16. Jahrhunderts war zweifellos der große deutsche Maler und Zeichner Albrecht Dürer, der während seines „feurigen, langen Lebens" (1471–1528), wie der Maler Cornel schrieb, drei Bücher verfaßte und mehr als tausend Zeichnungen, beinahe 250 Radierungen und 188 Gemälde herstellte, darunter 86 Aquarelle.

Nach Dürer wurde die Aquarellmalerei praktisch zu einer Hilfstechnik, mit der man vor allem Entwürfe für Wandgemälde und Ölbilder herstellte. Die großen Meister der italienischen Renaissance Leonardo da Vinci, Raffael, Michelangelo etc. sowie die flämische Schule des 17. Jahrhunderts stellten wunderbare Feder- und Pinselzeichnungen mit Aquarellfarben her, während die Franzosen Nicolas Poussin und Claude Lorraine bereits Landschaften damit malten, deren Stil den Klassizismus und die englische Aquarellmalerei erheblich beeinflußte.

10

11

Abb. 10 und 11: Albrecht Dürer, *Blick auf Arco,* Königliches Kabinet, Louvre, Paris. Unten: Albrecht Dürer, *Der Hase,* Albertina, Wien. Dürer war ein bedeutender Pionier der Aquarellmalerei. Seit dem 15. Jahrhundert malte er mit diesem Medium in einer Technik, die auch heutzutage zahlreiche Anhänger hat und die man als Hyperrealismus bezeichnet. Dürer gestaltete seine Aquarelle jedoch nicht als Entwürfe für spätere Gemälde in Öl oder Eitempera, wie zu seiner Zeit üblich, sondern betrachtete sie als endgültige Bilder.

Die englische Nationalkunst: Turner und Girtin

In der zweiten Hälfte des 18. Jahrhunderts verwandelte sich die Aquarellmalerei in England in eine Volkskunst. 1768 wurde die Königliche Akademie der Künste gegründet, zu deren Gründungsmitgliedern auch die Brüder Paul und Thomas Sandby gehörten. Beide waren Aquarellmaler. Bereits auf ihrer ersten Ausstellung zeigte die Akademie auch Aquarelle. 36 Jahre später, 1804, trennten sich die Aquarellmaler von der Akademie, weil „diese sie nicht als den Ölmalern ebenbürtig betrachtete". Es folgte die Gründung der Gesellschaft der Aquarellmaler, die 1805 mit großem Erfolg bei Publikum und Kritik ihre erste Ausstellung abhielt. Zur Weltausstellung 1855 in Paris schickte England 114 Aquarelle, die sowohl die französische Öffentlichkeit als auch die Kunstkritiker erstaunten. 1881 verlieh Königin Viktoria der Gesellschaft der Aquarellmaler das Attribut „Königlich". Daraufhin wurde die Aquarellmalerei zur englischen Nationalmalerei.

Entscheidend für die Durchsetzung des Aquarells in England (und später in ganz Europa) als ein der Zeichnung, dem Pastell und selbst der Ölmalerei ebenbürtiges künstlerisches Ausdrucksmittel war die Qualität der Bilder von Joseph Mallord William Turner und Thomas Girtin sowie ihrer Zeitgenossen Bonnington, Cotman, Blake, Palmer, De Wint, Cox etc.

Vor allem Turner, der als einer der größten Maler der englischen Kunst gilt und ebenso großartige Ölgemälde wie Aquarelle herstellte, wurde von Monet, Manet, Pissarro, Degas etc. bewundert, die seine Werke als Vorläufer des Impressionismus betrachteten.

12

Abb. 12 und 13. Links: Peter de Wint, *Lincoln*, British Museum, London.
Unten: Thomas Girtin, *Wasserfall bei Cayne, North Wales*, British Museum, London. Dies sind zwei typische englische Aquarelle des 18. Jahrhunderts.

13

14

Abb. 14: Joseph Mallord William Turner, *Der Bussons-Gletscher*, British Museum, London. Turner ist zweifellos der beste und bekannteste englische Aquarellmaler. Bei den französischen Künstlern des 19. Jahrhunderts galt er als einer der bedeutendsten Vorläufer des Impressionismus.

Das 19. und 20. Jahrhundert: Europa und Amerika

Richard Parker Bonnington brachte das Aquarell Ende des 18. Jahrhunderts nach Frankreich, wo es sofort auf größtes Interesse stieß. Besonders hervorzuheben ist Eugène Delacroix, der während seiner Reise durch Nordafrika sein berühmtes „Marokkanisches Tagebuch“ mit zahlreichen Aquarellskizzen füllte, aus denen später seine Bilder und Szenen des arabischen Lebens entstanden. Genannt seien auch Eugène Lamis, der Gründer der Gesellschaft der Aquarellmaler, und Gustave Moreau.

Später interpretierte Paul Cézanne die Aquarellmalerei auf seine ureigene Weise im impressionistischen Stil.

Als Kuriosum sei erwähnt, daß Wassily Kandinsky im Jahre 1910 das erste abstrakte Bild der Kunstgeschichte ebenfalls mit Aquarellfarben malte.

In den Niederlanden verwendeten J. B. Jongkind, in Deutschland Hildebrandt, von Menzel und in diesem Jahrhundert Emil Nolde und August Macke Aquarellfarben.

Berühmte spanische Aquarellmaler sind Pérez Villaamil und der hervorragende Mariano Fortuny, der 1864 die erste Gesellschaft der Aquarellmaler Kataloniens gründete und das Aquarell nicht nur in Spanien, sondern auch in Frankreich und Italien förderte.

15

16

17

Abb. 15: Wassily Kandinsky, *Erstes abstraktes Aquarell.* Dieses 1912 gemalte Werk ist das erste abstrakte Bild der Kunstgeschichte überhaupt.

Abb. 16: Winsler, *Brükke von London,* Free Gallery of Art, Smithsonian Institute, Washington D.C. Winsler malte dieses wunderbare Aquarell mit dem Wasser und den Schiffen unter einer Brücke Ende des vergangenen Jahrhunderts bereits in der Naßtechnik.

In den Vereinigten Staaten wurde 1866 die Amerikanische Gesellschaft der Aquarellmalerei gegründet. Ihr erster Präsident war Samuel Colman. Mitglieder waren damals die berühmten Maler Winslow Homer und Thomas Eakins, die sowohl mit Öl- als auch mit Aquarellfarben arbeiteten. Weitere bekannte Künstler waren Maurice Prendergast, Mary Cassat und John Singer Sargent.

Ende des 19. und zu Beginn des 20. Jahrhunderts erfuhr die Aquarellmalerei einen Niedergang, der vielleicht darauf zurückzuführen war, daß ihre Anhänger die charakteristischen Besonderheiten der Aquarellmalerei außer acht ließen und die Ölmalerei zu imitieren und selbst zu übertreffen versuchten. Seit den zwanziger Jahren griff eine neue Künstlergeneration diese Technik wieder auf und brachte sie zu neuem Ansehen. Heute hat sie in aller Welt berühmte Anhänger.

Abb. 17 (links): Julio Quesada, *Landschaft*, Privatsammlung. Hier ein ausgezeichnetes Beispiel für ein Aquarell unserer Zeit. Der spanische Aquarellmaler schuf in seinem Werk eine einmalige Synthese von Form und Farbe.

18

19

Abb. 18: John Singer Sargent, *La Guidecca*, Brooklyn Museum. Der Meister der Synthese von Form und Farbe liefert uns mit diesem Aquarell ein Beispiel seines Könnens und seiner Erfahrung als Aquarellmaler. Beachten Sie seine Technik beim Aussparen von Weiß und Anlegen der Formen mit Hilfe einer einzigen stark verdünnten Farbschicht.

Abb. 19: Winslow Homer, *Der Pionier*, Metropolitan Museum of Art, Foundation Aurelia Lazarus, New York. Homer ist der zweite hervorstechende nordamerikanische Aquarellmaler. Er ist der Maler der leuchtenden Farben und des großen Spiels von Licht und Schatten, wie anhand dieses herrlichen Aquarells zu erkennen.

„Das Billige ist teuer." Erinnern Sie sich? Dieser Ausspruch ist, bezogen auf das Material zum Zeichnen und Malen, von entscheidender Bedeutung. Zeichnen und Malen – wohlgemerkt, gutes Zeichnen und Malen – erfordert bereits einiges Wissen, Erfahrung, Begabung und schöpferisches Gespür, alles Eigenschaften, die nicht leicht zu erwerben sind. Doch sie nützen allesamt nichts, wenn das Material nicht der Technik entspricht, Schwierigkeiten bereitet oder nicht alles hergibt, was man von ihm erwarten müßte. Natürlich ist das Material zum Zeichnen und Malen teuer, doch Sie sollen und dürfen Ihre Arbeit, Ihre Kreativität wegen einer schlechten Papierqualität, wegen minderwertiger Farben, die während des Trocknens ihre Leuchtkraft verlieren, oder eines Pinsels, dessen Haarkörper nicht geschlossen und kompakt bleibt, nicht gefährden. Wir raten Ihnen dringend, mit Material guter Qualität zu arbeiten – sonst erhalten Sie keine guten Bilder.

Suchen Sie dafür ein gutes Künstlerbedarfsgeschäft auf, um sich über die neuesten Modelle, angefangen vom Zeichentisch über eine spezielle, leichte und solide Feldstaffelei für die Aquarellmalerei, zu unterrichten. Hoffentlich hat das Geschäft sie vorrätig.

20

Material und Handwerk

Raum, Beleuchtung und Mobiliar

Der Raum für ein Maleratelier kann die Maße eines entsprechenden Ateliers aus dem vorigen Jahrhundert besitzen, das gleichzeitig als Malerwerkstatt, Ausstellungs- und Verkaufsraum und Ort für Festlichkeiten diente und bis zu 100 qm groß war; es kann sich jedoch ebensogut um ein kleines, funktionelles Zimmer handeln, wie es viele Künstler heute besitzen und das, von seltenen Ausnahmen abgesehen, kaum über 16 oder 20 qm hinausreicht. Die Wände sind weiß, und es muß ausreichend Licht vorhanden sein. Tageslicht fällt aus einer möglichst großen Fensteröffnung herein, die mit Vorhängen oder Jalousien versehen ist, um die Lichtmenge zu regulieren. Nachts schafft ausreichendes, gleichmäßiges Kunstlicht dieselben Bedingungen wie bei Tage, damit man auch nach Sonnenuntergang arbeiten kann. Besprechen Sie mit einem Elektriker die Installation einer Anlage aus insgesamt vier Leuchtstoffröhren, zwei davon mit warmem Licht und zwei weitere mit kaltem Licht, die das Tageslicht imitieren. Über dem Arbeitstisch benötigen Sie eine zusätzliche Lampe mit einer Glühbirne von mindestens 100 Watt und für die Sitzecke ein Raumlicht, bei dem Sie sich ausruhen, lesen, Musik hören oder sich mit jemandem unterhalten können.

Möbel und Zubehör
Zeichentisch. Dafür eignet sich jedes Modell mit verstellbarer Tischplatte.

Tischstaffelei und Studiostaffelei. Die klassische Tischstaffelei für die Aquarellmalerei ist pultförmig und läßt sich bis zu 45 Grad neigen. Die Studiostaffelei kann dreibeinig sein, besser ist eine Studiostaffelei auf Rollen.

Zeichenbrett. Zusätzlich zu den genannten und allen übrigen Staffeleien benötigt man für die Aquarellmalerei ein Zeichenbrett, auf dem man das Papier zum Zeichnen oder Malen befestigt.

Beistelltisch oder Ablage. Beim Malen auf dem Tisch oder auf einer Staffelei mit Zeichenbrett benötigen Sie eine zusätzliche Ablagemöglichkeit, einen Tisch, auf dem Sie stets frisches Wasser, Pinsel, Schwamm, Saugpapier, Bleistifte, Farben und Ihre Palette bereithalten. Diese Ablagefläche kann aus der einen Seite Ihres Zeichentischs bestehen. Geeigneter ist jedoch ein kleiner Beistelltisch mit Schubladen auf Rollen, der sich verschieben läßt.

Kleines Becken mit fließend Wasser zum Reinigen der Pinsel, Näpfe und Flaschen, Anfeuchten des Papiers vor dem Spannen, Händewaschen etc.

Außerdem benötigt man noch ein paar Dinge, die meines Erachtens nicht fehlen dürfen:

Regal für Bücher und eine Musikanlage. Ohne das Regal und die Bücher geht es nicht. Und ohne Musikanlage eigentlich auch nicht. Ob Luxus oder nicht, bei Musik malt es sich einfach angenehmer. Und dabei sollte es sich nicht um Hintergrundmusik handeln, sondern um wirkliche Meisterwerke.

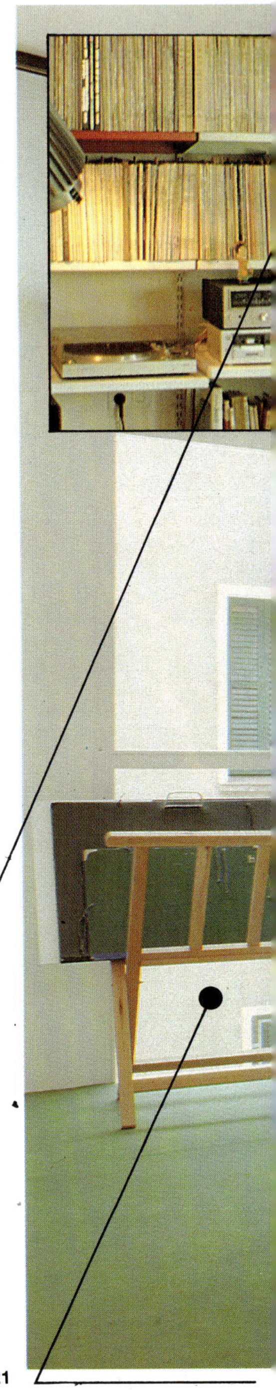

Abb. 21: Hier das Atelier eines heutigen Malers mit Tageslicht, das aus großen Fenstern in der Vorderwand hereinfällt, sowie Kunstlicht aus Lichtstrahlern an der Zimmerdecke und zusätzlichen Lampen für die beiden Arbeitstische. Nachstehend eine Beschreibung der sonstigen Einrichtung:

21

Bücherregal und Musikanlage (oben links): Das Bücherregal und die Musikanlage finden Sie an der Seitenwand des Ateliers.

Zeichenmappenständer zur Aufnahme von Zeichenmappen, Zeichenpapier, Skizzen sowie der fertigen Werke.

Beistellmöbel auf Rollen in Form eines kleinen Tisches mit Tischplatte, Fächer und Schubladen für die Farbtuben, Pinsel, Stifte, Wassergefäße, Fixiersprays etc.

Zeichentisch mit beliebig verstellbarem Zeichenbrett.

Drehstuhl mit gepolstertem Sitz, in der Höhe verstellbar und mit einer Metallstrebe zum Aufstellen der Füße.

Studiostaffelei für Öl- und Aquarellmalerei mit verstellbarem Ablagebrett für das Zubehör und zur Unterstützung der Leinwand bei der Ölmalerei bzw. des Zeichenbretts bei der Aquarellmalerei.

Zusatzmöbel mit Fächern und Schubladen zur Unterbringung des Materials.

Pinsel für die Aquarellmalerei

Im Handel sind unterschiedliche Pinselarten für die Aquarellmalerei erhältlich, die im wesentlichen aus einem lackierten Holzstiel, einer verchromten Metallzwinge und einem Haarkörper bestehen, der von der Zwinge gehalten wird. Die Qualität dieser Pinsel wird von der Haarsorte bestimmt. Dabei unterscheiden wir u. a.:

Rotmarderpinsel
Fehhaarpinsel
Rindshaarpinsel
Iltispinsel
Damhirschpinsel (Japan)
Kunstfaserpinsel

Für die Aquarellmalerei eignet sich am besten der Rotmarderpinsel. Er wird auch am meisten von den Kunstmalern verwendet. Sein Haar stammt aus dem Winterschweif des kleinen sibirischen oder chinesischen Kolinski-Rotmarders. Aufgrund der Qualität seines Materials und des aufwendigen Herstellungsverfahrens ist der Rotmarderpinsel teuer. Die übrigen genannten Pinsel sind preiswerter, einige von ihnen können zusätzlich verwendet werden. Rindshaarpinsel, der japanische Damhirschpinsel oder der breite Flachpinsel aus Iltishaar eignen sich durchaus zur Anlage größerer Lasuren, und der runde Kunstfaserpinsel ist wegen seiner Säure- und Korrosionsbeständigkeit für die Arbeit mit Bleichwasser oder vergleichbaren Erzeugnissen, mit Rubbelgummi etc. unverzichtbar (Abb. 24).
„Doch abgesehen von der Arbeit mit Säuren oder ätzenden Flüssigkeiten", erklärt Fresquet, „ist der Rotmarderpinsel am besten für die Aquarellmalerei geeignet. Seine Merkmale lassen sich folgendermaßen zusammenfassen: Er besitzt eine hohe Saugkraft, um Feuchtigkeit abzusaugen und eine große Menge Farbe aufzunehmen, biegt sich beim geringsten Druck der Hand, breitet sich aus wie ein Fächer, um breite Striche zu ziehen, kehrt anschließend zu seiner ursprünglichen Form zurück und behält immer eine perfekte Spitze."
Aquarellpinsel gibt es in unterschiedlichen Größen von 00 über 1, 2 im Zweierabstand bis 14 bei den Rotmarderpinseln und bis 24 bei den Rindshaarpinseln. Dabei entspricht die niedrigste Nummer natürlich dem feinsten Pinsel. Die Ziffern sind in den Stiel eingedruckt, der einschließlich der Zwinge etwa 20 cm mißt.
Doch trotz dieses umfangreichen Sortiments reichen für die Aquarellmalerei maximal vier Pinsel aus:

Ein Rundpinsel Nr. 6
Ein Rundpinsel Nr. 8
Ein Rundpinsel Nr. 12
Ein Flachpinsel Nr. 14 oder 16

Ferner empfehlen wir einen 4 oder 5 cm breiten japanischen Flachpinsel. Neben diesem Pinselsortiment benötigt man einen kleinen Naturschwamm sowie eine Schwammrolle zum Anfeuchten des Papiers, Anlegen von Hintergründen oder breiten Abstufungen etc. (Abb. 22 und 23).

Abb. 22 und 23: Diese Pinsel und die wenigen zusätzlichen Hilfsmittel reichen zum Malen mit Aquarellfarben aus. Von rechts nach links: runder Rindshaarpinsel Nr. 24; drei Rotmarderpinsel Nr. 14, 12 und 8 (Abb. 22) sowie ein kleiner Naturschwamm und ein Rollschwamm zum Anfeuchten und Anlegen von Hintergründen und ein flacher Japanpinsel, der ggf. von einem Kunstfaserpinsel ersetzt werden kann (Abb. 23).

24

Abb. 24: Neben den Rotmarderpinseln gibt es noch weitere Sorten. Von links nach rechts: 1. und 2. typisch französischer Pinsel aus Iltishaar zum Anlegen von Hintergründen und Abstufungen, 3. und 4. japanische Pinsel mit Bambusstiel und Damhirschhaar, 5. und 6. Kunstfaserpinsel, Pinsel aus Iltishaar, 7. Mangustenpinsel (die Manguste gehört zur Familie der Schleichkatzen), 8. Spezial-Rotmarderpinsel für feine Striche, 9. Fächerpinsel aus Schweinsborsten, 10. und 11. Rindshaarpinsel, von denen Kunstmaler vor allem die hohen Nummern verwenden.

22

23

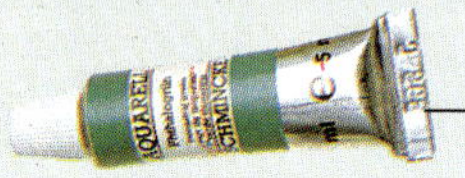

Die Aquarellfarben

Aquarellfarben bestehen aus Farbpigmenten pflanzlicher, mineralischer oder tierischer Herkunft, die mit Wasser und Gummiarabikum, Glyzerin, Honig und einem Konservierungsmittel gebunden werden. Glyzerin und Honig halten die Farbe geschmeidig und verhindern das Brechen zu dicker Schichten. Aquarellfarben sind in folgenden Formen im Handel:

Näpfe für die Trockentechnik,
Näpfe für die Naßtechnik,
Tubenfarben und
Flüssigfarben in Flaschen.

Näpfe für die Trockentechnik sind preiswert und erfordern ein starkes Reiben mit dem Pinsel. Sie eignen sich vor allem für Schüler und brauchen uns hier nicht weiter zu interessieren.
Farben für die Naßtechnik besitzen Künstlerqualität. Sie werden in rechteckigen Näpfen aus weißem Kunststoff angeboten und enthalten einen höheren Glyzerin- und Honiganteil, um besser löslich zu sein. Sie werden in Metallkästen zu sechs, zwölf oder 24 Farben angeboten, sind jedoch auch einzeln erhältlich.
Aquarellfarben in Zinntuben besitzen ebenfalls Künstlerqualität. Sie sind cremig, ja beinahe flüssig, und lösen sich in Wasser sofort auf. Angeboten werden sie in Kästen zu sechs und zwölf Farbentuben (am stärksten verbreitet sind Tuben mit 15 ml Inhalt), sind jedoch ebenfalls einzeln erhältlich.
Flüssigfarben in Glasflaschen. Sie werden in erster Linie für die Illustration und weniger für die künstlerische Malerei verwendet. Sie sind außerordentlich intensiv und ähneln beinahe Tinten. Beim künstlerischen Aquarell verwendet man sie manchmal für große Hintergründe oder Abstufungen. Sie eignen sich für Tuschefüller, Pinsel und auch für die Spritzpistole. Erhältlich sind sie als Set zu sechs, acht und zwölf Farben.
An sich gibt es keinen Unterschied zwischen den Napffarben in Künstlerqualität und den Tubenfarben. Letztere besitzen vielleicht den Vorteil, aufgrund ihrer cremigen, halbflüssigen Konsistenz sofort „gebrauchsfähig" zu sein. Im Grunde ist es wohl eine Frage der Gewohnheit, welche Farben man benutzt und ob man mit einer Spezialpalette (davon wird später die Rede sein) oder mit dem Palettkasten arbeitet. Manche Künstler verwenden unterschiedslos beide Sorten.

25

Abb. 25: Hier die verschiedenen Sorten von Aquarellfarben und die Kästen und Paletten, die Sie im Handel finden: 1. (oben) Palettkasten mit Näpfen für Trockenfarbe in Schülerqualität; Mitte: Palettkasten mit Näpfen für Farben in Künstlerqualität; die Platte mit den Näpfen ist herausnehmbar, so daß man anschließend über eine dreiteilige Palette verfügt; 3. (oben rechts): Zinntuben mit cremiger Aquarellfarbe und weiß emaillierte Metallpalette speziell für Tubenfarben. Sie besitzt in der Mitte Fächer, in denen man die Farben absetzen und anordnen kann; 4. (unten rechts): Feinsprüh-Pigmentfarben in Glasflaschen, die häufig in der Gebrauchsgrafik verwendet werden; 5. (Mitte links): Palette mit Vertiefungen aus weißem Porzellan, die häufig zur Herstellung der Farbe-Wasser-Mischung für Hintergründe etc. verwendet werden; 6. (Kasten unten rechts): Minimumausrüstung aus Palettkasten, Pinsel und Kunststoffgefäß für Wasser in Lederetui (das Etui mißt 9 × 11 cm), die sich zusammen mit einem kleinen Skizzenblock auf Reisen in der Handtasche mitführen läßt.

Schmincke

Farbkarte für Aquarellfarben

Die Farbkarte der „Horadam“ feinste Künstler-Aquarellfarben der Firma Schmincke, die wir nebenstehend leicht verkleinert abbilden, umfaßt insgesamt 118 Farben einschließlich Gold- und Silberbronze sowie Weiß. Dazu gehören 15 Gelbtöne, 15 Rottöne, 13 Blautöne und 21 Grüntöne.
Natürlich benötigt man zum Malen keine solche Vielfalt an Gelb-, Grün- und Rottönen. Ich selbst male zum Beispiel nur mit den drei klassischen Blautönen Kobaltblau dunkel, Ultramarin und Preußischblau. Manchen Künstlern ist Preußischblau jedoch zu intensiv und zu grünstichig ... Sie ersetzen es durch Coelinblau, das ihrer Meinung nach neutraler ist. Jeder Maler verwendet eben seine ureigene Farbskala.
Es sei übrigens noch darauf hingewiesen, daß es lichtechte und weniger lichtechte Farben gibt – die also bei starkem Lichteinfall mit der Zeit verbleichen. In der nebenstehenden Farbskala wird die Lichttechnik mit Sternchen angegeben (die eingekreisten Ziffern beziehen sich auf die Preisgruppe). Allerdings wird wohl kaum jemand auf den Gedanken kommen, ein Aquarellbild direktem Sonnenlicht auszusetzen.
Nicht unerwähnt bleiben sollte, daß die Farbstärke beim Trocknen immer um zehn bis zwanzig Prozent abnimmt. Dieser Verlust ist bei hochwertigen Farben geringer und kann in gewissem Umfang durch einen Firnis ausgeglichen werden. Das ist jedoch problematisch, da der Firnis das charakteristische matte Aussehen des Aquarells verändert.

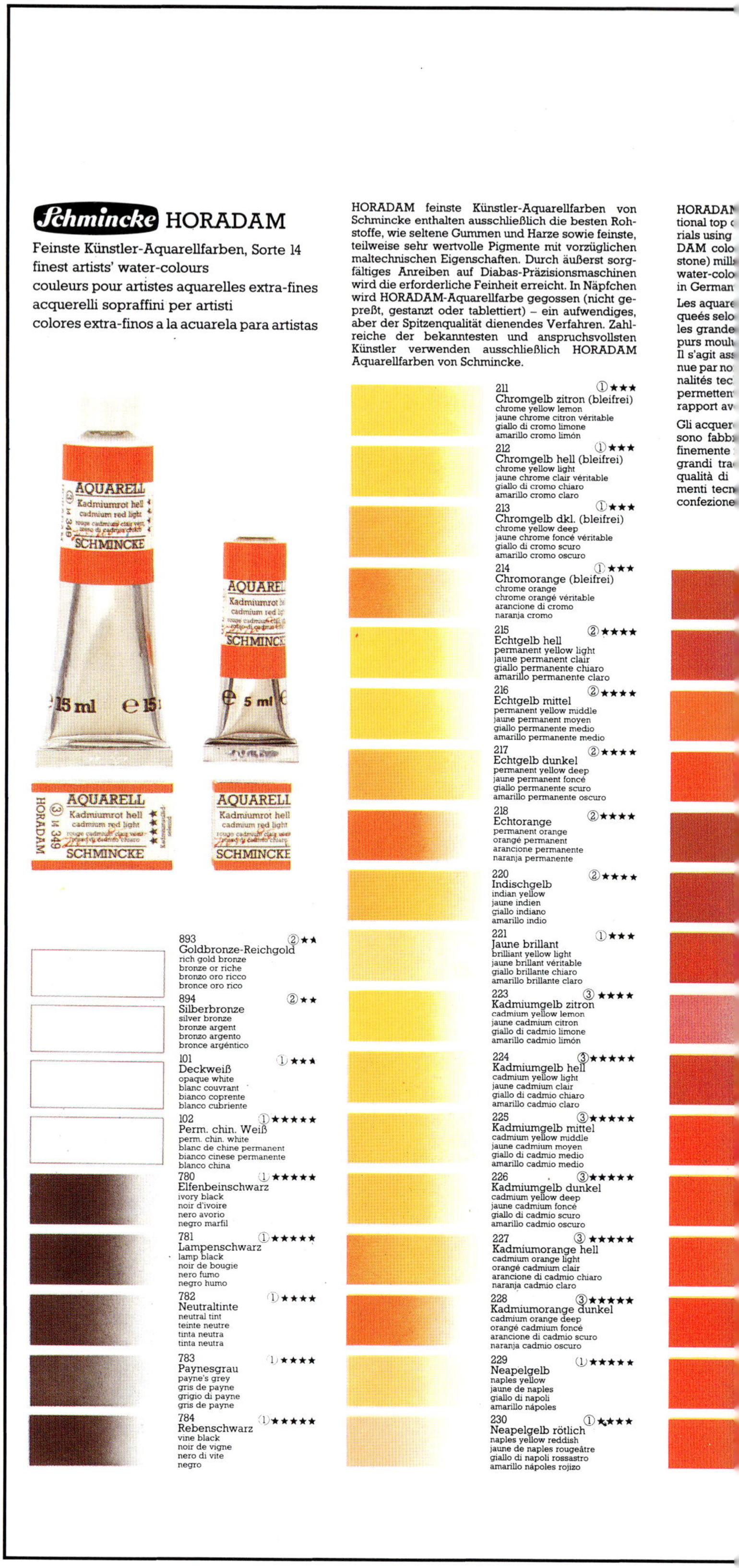

Schmincke HORADAM

Feinste Künstler-Aquarellfarben, Sorte 14
finest artists' water-colours
couleurs pour artistes aquarelles extra-fines
acquerelli sopraffini per artisti
colores extra-finos a la acuarela para artistas

HORADAM feinste Künstler-Aquarellfarben von Schmincke enthalten ausschließlich die besten Rohstoffe, wie seltene Gummen und Harze sowie feinste, teilweise sehr wertvolle Pigmente mit vorzüglichen maltechnischen Eigenschaften. Durch äußerst sorgfältiges Anreiben auf Diabas-Präzisionsmaschinen wird die erforderliche Feinheit erreicht. In Näpfchen wird HORADAM-Aquarellfarbe gegossen (nicht gepreßt, gestanzt oder tablettiert) – ein aufwendiges, aber der Spitzenqualität dienendes Verfahren. Zahlreiche der bekanntesten und anspruchsvollsten Künstler verwenden ausschließlich HORADAM Aquarellfarben von Schmincke.

893 ② ★★
Goldbronze-Reichgold
rich gold bronze
bronze or riche
bronzo oro ricco
bronce oro rico

894 ② ★★
Silberbronze
silver bronze
bronze argent
bronzo argento
bronce argéntico

101 ① ★★★
Deckweiß
opaque white
blanc couvrant
bianco coprente
blanco cubriente

102 ① ★★★★★
Perm. chin. Weiß
perm. chin. white
blanc de chine permanent
bianco cinese permanente
blanco china

780 ① ★★★★★
Elfenbeinschwarz
ivory black
noir d'ivoire
nero avorio
negro marfil

781 ① ★★★★★
Lampenschwarz
lamp black
noir de bougie
nero fumo
negro humo

782 ① ★★★★
Neutraltinte
neutral tint
teinte neutre
tinta neutra
tinta neutra

783 ① ★★★★
Paynesgrau
payne's grey
gris de payne
grigio di payne
gris de payne

784 ① ★★★★★
Rebenschwarz
vine black
noir de vigne
nero di vite
negro

211 ① ★★★
Chromgelb zitron (bleifrei)
chrome yellow lemon
jaune chrome citron véritable
giallo di cromo limone
amarillo cromo limón

212 ① ★★★
Chromgelb hell (bleifrei)
chrome yellow light
jaune chrome clair véritable
giallo di cromo chiaro
amarillo cromo claro

213 ① ★★★
Chromgelb dkl. (bleifrei)
chrome yellow deep
jaune chrome foncé véritable
giallo di cromo scuro
amarillo cromo oscuro

214 ① ★★★
Chromorange (bleifrei)
chrome orange
chrome orangé véritable
arancione di cromo
naranja cromo

215 ② ★★★★
Echtgelb hell
permanent yellow light
jaune permanent clair
giallo permanente chiaro
amarillo permanente claro

216 ② ★★★★
Echtgelb mittel
permanent yellow middle
jaune permanent moyen
giallo permanente medio
amarillo permanente medio

217 ② ★★★★
Echtgelb dunkel
permanent yellow deep
jaune permanent foncé
giallo permanente scuro
amarillo permanente oscuro

218 ② ★★★★
Echtorange
permanent orange
orangé permanent
arancione permanente
naranja permanente

220 ② ★★★★
Indischgelb
indian yellow
jaune indien
giallo indiano
amarillo indio

221 ① ★★★
Jaune brillant
brilliant yellow light
jaune brillant véritable
giallo brillante chiaro
amarillo brillante claro

223 ③ ★★★★
Kadmiumgelb zitron
cadmium yellow lemon
jaune cadmium citron
giallo di cadmio limone
amarillo cadmio limón

224 ③ ★★★★★
Kadmiumgelb hell
cadmium yellow light
jaune cadmium clair
giallo di cadmio chiaro
amarillo cadmio claro

225 ③ ★★★★★
Kadmiumgelb mittel
cadmium yellow middle
jaune cadmium moyen
giallo di cadmio medio
amarillo cadmio medio

226 ③ ★★★★★
Kadmiumgelb dunkel
cadmium yellow deep
jaune cadmium foncé
giallo di cadmio scuro
amarillo cadmio oscuro

227 ③ ★★★★★
Kadmiumorange hell
cadmium orange light
orangé cadmium clair
arancione di cadmio chiaro
naranja cadmio claro

228 ③ ★★★★★
Kadmiumorange dunkel
cadmium orange deep
orangé cadmium foncé
arancione di cadmio scuro
naranja cadmio oscuro

229 ① ★★★★★
Neapelgelb
naples yellow
jaune de naples
giallo di napoli
amarillo nápoles

230 ① ★★★★
Neapelgelb rötlich
naples yellow reddish
jaune de naples rougeâtre
giallo di napoli rossastro
amarillo nápoles rojizo

26

s' water-colours are of tradi-
. on only the finest raw mate-
re pigmentation. The HORA-
nd on "Diabas" (extra hard
into pans. There are no finer
world-wide. They are made
:ke.

AM de Schmincke sont fabri-
s et des principes respectant
a base de pigments riches et
ileaux »Diabas«.
ıe qualité supérieure, recon-
es du monde entier. Des origi-
iiveau de la mise en godets,
ation et une maintenance en
de cette aquarelle.

M, prodotti della Schmincke,
gmenti di altissima qualità e
rulli «Diabas», rispettando le
caratterizzano le eccezionali
otto. Dei particolari accorgi-
gono usati al momento della
una lunghissima conserva-

zione nel tempo delle caratteristiche qualitative di questo prodotto. La qualità superiori dell'acquerello HORADAM sono riconosciute da un gran numero di artisti di tutto il mondo.

Las pinturas HORADAM están mundialmente reconocidas como de las mejores. Esto repercute en el precio, ya que con HORADAM sólo se emplean las mejores materias primas, tanto en los aglutinantes, como en las resinas y pigmentos, lográndose unos resultados finales excelentes en las pinturas. Las tolerancias entre pigmentos y conglutinantes han sido comprobadas durante largo tiempo, lo que comporta una regularidad en la dilución con agua.

345 ②★★★★
Echtrot tief
permanent red deep
rouge permanent foncé
rosso permanente scuro
rojo permanente oscuro

346 ②★★★★
Echtrosa
permanent rose
rose permanent
rosa permanente
rosa permanente

348 ③★★★★
Kadmiumrot hellst
cadmium red pale
rouge cadmium extra-clair vérit.
rosso di cadmio chiarissimo
rojo cadmio pálido

349 ③★★★★
Kadmiumrot hell
cadmium red light
rouge cadmium clair véritable
rosso di cadmio chiaro
rojo cadmio claro

350 ③★★★★
Kadmiumrot dunkel
cadmium red deep
rouge cadmium foncé véritable
rosso di cadmio scuro
rojo cadmio oscuro

353 ②★★★★
Karmin
carmine
carmin
carminio
carmin

355 ②★★★
Karminrot
carmine red
rouge de carmin
rosso di carminio
rojo carmin

356 ②★★★
Krapplack hell
madder lake light
laque de garance claire
lacca di garanza chiara
laca garanza clara

358 ②★★
Krapplack dunkel
madder lake deep
laque de garance foncé
lacca di garanza scura
laca garanza oscura

359 ②★★★
Krapp-Karmin
madder carmine
carmin de garance
carminio di garanza
carmin de garanza

360 ②★★★
Permanentrot 1
permanent red 1
rouge permanent 1
rosso permanente 1
rojo permanente 1

361 ②★★★
Permanentrot 2
permanent red 2
rouge permanent 2
rosso permanente 2
rojo permanente 2

362 ②★★★
Permanentrot 3
permanent red 3
rouge permanent 3
rosso permanente 3
rojo permanente 3

363 ②★★★
Scharlachlack
scarlet lake
laque de garance écarlate
lacca scarlatta
laca escarlata

365 ①★★★★
Zinnoberrot
vermilion
vermillon
vermiglione
Bermellón

480 ②★★★★★
Bergblau
mountain blue
bleu de montagne
blu di montagna
azul montaña

481 ③★★★★
Cölinblau
cerulean blue
bleu ceruleum véritable
blu celeste
azul celeste

483 ②★★★★
Echtviolett
permanent violet
violet permanent
viola permanente
violeta permanente

484 ②★★★★★
Phthaloblau
phthalo blue
bleu phthalo
blu phthalo
azul phthalo

485 ①★★★★
Indigo
indigo
indigo
indaco
indigo

486 ①★★★★★
Kobaltblau imit.
cobalt blue imit.
bleu de cobalt imit.
blu di cobalto imitazione
azul cobalto imit.

487 ③★★★★★
Kobaltblau hell
cobalt blue light
bleu cobalt clair véritable
blu di cobalto chiaro
azul cobalto claro

488 ③★★★★★
Kobaltblau dunkel
cobalt blue deep
bleu cobalt foncé véritable
blu di cobalto scuro
azul cobalto oscuro

489 ③★★★★★
Kobaltviolett dunkel
cobalt violet deep
violet cobalt foncé véritable
viola di cobalto scuro
violeta cobalto oscuro

490 ①★★★
Magenta
magenta
magenta
viola di magenta
magenta

491 ①★★★★
Pariserblau
paris blue
bleu de paris
blu di parigi
azul paris

492 ①★★★★
Preußischblau
prussian blue
bleu de prusse
blu di prussia
azul prusia

493 ②★★
Purpurviolett
purple violet
violet pourpre
viola porpora
violeta púrpura

494 ②★★★★★
Ultramarin feinst
ultramarine finest
outremer extra-fin
blu oltremare finissimo
ultramar fino

495 ②★★★★★
Ultramarinviolett
ultramarine violet
violet outremer
viola oltremare
violeta ultramar

496 ①★★★★★
Ultramarinblau
ultramarine blue
bleu outremer
blu oltremare
azul ultramar

497 ②★★
Violett feurig
glowing violet
violet lumineux
viola luminoso
violeta luminoso

511 ②★★★★★
Chromoxidgrün feurig
viridian glowing
oxyde vert de chrome lum. vérit.
verde di cromo luminoso
verde cromo luminoso

512 ②★★★★★
Chromoxidgrün stumpf
viridian matt
oxyde vert de chrome terne vérit.
verde di cromo opaco
verde cromo opaco

513 ①★★★★
Deckgrün hell imit.
opaque green light imit.
vert couvrant clair imit.
verde coprente chiaro imit.
verde opaco claro imit.

515 ②★★★★
Echtgrün oliv
permanent olive green
vert olive permanent
verde oliva permanente
verde oliva permanente

516 ①★★★★★
Grüne Erde
green earth
terre vert
terra verde
tierra verde

517 ②★★★★
Grünlack hell
green lake light
laque vert clair
lacca verde chiara
laca verde clara

518 ②★★★★
Grünlack dunkel
green lake deep
laque vert foncé
lacca verde scura
laca verde oscura

519 ②★★★★
Phthalogrün
phthalo green
vert de phthalo
verde phthalo
verde phthalo

520 ②★★★★
Hookersgrün 1
hooker's green 1
vert de hooker 1
verde di hooker 1
verde hooker 1

521 ②★★★★
Hookersgrün 2
hooker's green 2
vert de hooker 2
verde di hooker 2
verde hooker 2

522 ③★★★★★
Kobaltgrün hell
cobalt green light
vert cobalt clair vérit.
verde di cobalto chiaro
verde cobalto claro

523 ③★★★★★
Kobaltgrün dunkel
cobalt green deep
vert cobalt foncé vérit.
verde di cobalto scuro
verde cobalto oscuro

524 ②★★★★
Maigrün
may green
vert de mai
verde primavera
verde primavera

525 ①★★★★
Olivengrün
olive green
vert olive
verde oliva
verde oliva

526 ①★★★★
Permanentgrün hell
permanent green light
vert permanent clair
verde permanente chiaro
verde permanente claro

527 ②★★★★★
Permanentgrün dunkel
permanent green deep
vert permanent foncé
verde permanente scuro
verde permanente oscuro

528 ①★★★★
Preußischgrün
prussian green
vert de prusse
verde di prussia
verde prusia

529 ②★★★★
Saftgrün 1
sap green 1
vert forêt 1
verde bosco 1
verde bosque 1

530 ②★★★★
Saftgrün 2
sap green 2
vert forêt 2
verde bosco 2
verde savia 2

531 ①★★★★
Zinnobergrün hell
vermilion green light
vert cinabre clair
verde vermiglione chiaro
verde bermellón claro

532 ①★★★★
Zinnobergrün dunkel
vermilion green deep
vert cinabre foncé
verde vermiglione scuro
verde cinabrio oscuro

645 ①★★★★★
Caput mortuum
caput mortuum
tête morte
testa di moro
caput mortom

647 ①★★★★★
Dunkelocker
brown ochre
ocre foncé
ocra bruna
ocre oscuro

649 ①★★★★★
Englischrot hell
english red light
rouge anglais clair
rosso inglese chiaro
rojo inglés claro

650 ①★★★★★
Englischrot dunkel
english red deep
rouge anglais foncé
rosso inglese scuro
rojo inglés oscuro

651 ①★★★★★
Goldocker
golden ochre
ocre or
ocra oro
ocre dorado

653 ①★★★★★
Grüne Erde gebrannt
burnt green earth
terre verte brûlée
terra verde bruciata
tierra verde tostada

655 ①★★★★★
Lichter Ocker 1
yellow ochre 1
ocre jaune 1
giallo ocra 1
ocre amarillo 1

656 ①★★★★★
Lichter Ocker 2
yellow ochre 2
ocre jaune 2
giallo ocra 2
ocre amarillo 2

657 ①★★★★★
Lichter Ocker gebrannt
burnt yellow ochre
ocre jaune brûlée
giallo ocra bruciato
ocre ama. tostado

658 ②★★★
Madderbraun
brown madder
laque de garance brun-rouge
lacca di garanza bruna
laca garanza marrón

660 ①★★★★★
Siena natur
raw sienna
terre de sienne naturelle
terra di siena naturale
siena natural

661 ①★★★★★
Siena gebrannt
burnt sienna
terre de sienne brûlée
terra di siena bruciata
siena tostada

662 ①★★★★
Sepiabraun col.
sepia brown tone
teinte sepia
tinta di seppia bruciata
tinta sepia

663 ①★★★★
Sepiabraun
sepia brown
brun sepia
seppia bruciata
sepia

664 ①★★★★★
Stil de grain brun
brown pink
stil de grain brun
stil di grain bruno
stil grano marrón

665 ①★★★★★
Stil de grain vert
green pink
stil de grain vert
stil di grain verde
stil grano verde

666 ①★★★★★
Terra Pozzuoli
pozzuoli earth
terre de pouzzoles
terra di pozzuoli
tierra pozzuoli

667 ①★★★★★
Umbra natur
raw umber
terre ombre naturelle verdâtre
terra d'ombra naturale
sombra natural

668 ①★★★★★
Umbra gebrannt
burnt umber
terre d'ombre brûlée
terra d'ombra bruciata
sombra tostada

669 ①★★★★★
Vandyckbraun
vandyke brown
brun van dyck
bruno van dyck
pardo van dyck

Das übliche Farbensortiment

Die nebenstehende Abbildung zeigt ein Sortiment aus 14 Farben für die Aquarellmalerei. Dies könnte ein wenig irreführend sein, als hätten Fresquet und ich als Autor *diese* Farben aus der vorigen Skala für Sie ausgewählt und wollten sie Ihnen zum Malen eines Aquarells vorschreiben.
Davon kann nicht die Rede sein. Die Wahl dieser 14 Farben beruht vielmehr auf Fresquets und meiner Erfahrung aus einem jahrelangen Studium auf diesem Gebiet. Allerdings wird meine praktische Erfahrung durch eine entscheidende Tatsache bestärkt: Alle wichtigen Hersteller von Aquarellfarben bieten Kästen mit zwölf oder mehr Farben an, die ein ähnliches, wenn nicht gar identisches Sortiment aufweisen, wie wir es auf dieser Seite vorstellen. In jedem Fall ist diese Auswahl nicht unabänderlich. Wir raten Ihnen, mit den Farben unserer Wahl zu beginnen und sich im Laufe der Zeit aufgrund eigener Erfahrungen endgültig für Ihre Farbskala zu entscheiden.

Sortiment zum Malen mit Aquarellfarben

Zitronengelb*	Permanentgrün*
Kadmiumgelb mittel	Chromoxidgrün
Lichter Ocker	Kobaltblau*
Siena natur*	Ultramarin
Sepia	Preußischblau
Kadmiumrot	Paynesgrau
Krappkarmin	Elfenbeinschwarz*

27

Abb. 27: Sortiment der normalerweise von Kunstmalern verwendeten Aquarellfarben. Es handelt sich um 14 Farben, die mit dem Inhalt der Standardkästen der Markenhersteller übereinstimmen. Die fünf mit einem Sternchen versehenen Farben können fortgelassen werden.

Das Aquarellpapier

Die Qualität des Papiers ist für die Aquarellmalerei von entscheidender Bedeutung. Der angehende Künstler muß daher die unterschiedlichen Papiersorten und ihre Anwendungsgebiete unbedingt kennenlernen.

Entgegen der allgemeinen Annahme kann Aquarellpapier unterschiedslos auf seiner Vorder- und seiner Rückseite verwendet werden.

Allerdings besitzen beide Seiten ein unterschiedliches Korn (deshalb hat der Künstler die Wahl zwischen zwei Strukturen: dem groben oder mittleren Korn der Vorderseite und dem mittleren oder feinen Korn der Rückseite). Beide Seiten sind jedoch gleich gut verleimt, was in der Vergangenheit nicht der Fall war, als die Verleimung guten Zeichenpapiers noch Blatt für Blatt von Hand ausschließlich auf der rechten Seite erfolgte.

Bei den Papierqualitäten unterscheiden wir in erster Linie herkömmliches Papier wie das Offsetpapier der Druckereien, das aus holzhaltigem Papierbrei maschinell hergestellt wird. Hochwertiges Papier zum Beispiel der Marken Canson, Fabriano, Schoellershammer und Whatman wird mit einem hohen Lumpenanteil in einem aufwendigen Herstellungsverfahren erzeugt. Dieses Qualitätspapier ist teuer. Deshalb bieten zahlreiche Hersteller auch Papier mittlerer Qualität an, auf dem man ebenfalls mit Aquarellfarben malen kann.

Man erkennt gutes Papier an der Logotype des Herstellers, die sich reliefartig am Rand oder in einer Ecke des Bogens befindet, oder an dem traditionellen Wasserzeichen, das man im Gegenlicht erkennt.

28

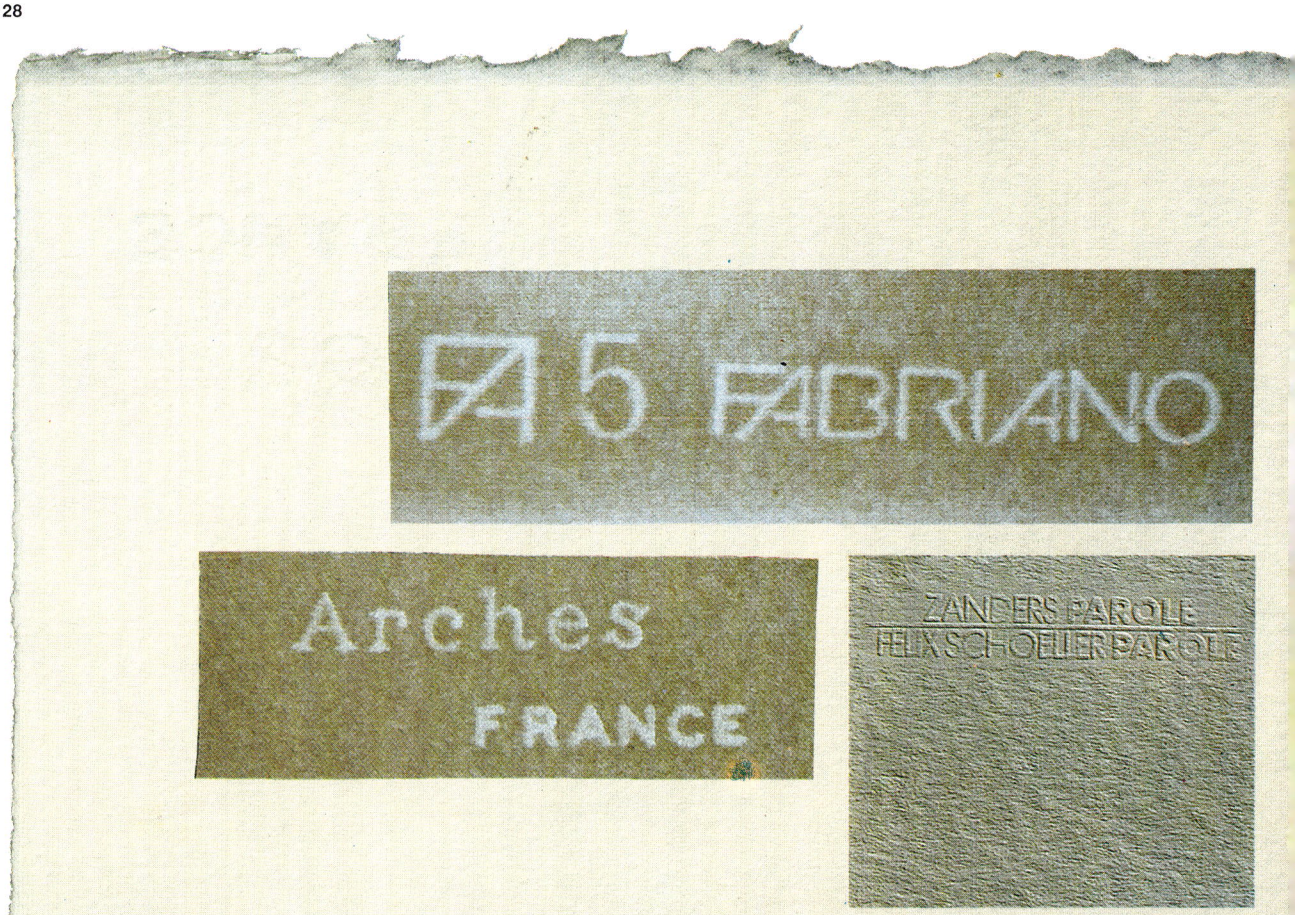

Abb. 28: Hochwertiges Zeichenpapier, das an seinem typischen Büttenrand zu erkennen ist. Dieser war früher ein Zeichen für handgeschöpftes Papier. In der Mitte zwei im Gegenlicht sichtbare Wasserzeichen und ein reliefartiger Herstellername, die ein Kennzeichen für Qualitätspapier sind.

Das Papier

Aquarellpapier für Kunstmaler wird mit drei Strukturen angeboten:

Feinkörniges oder satiniertes Papier (Abb. 29)
Papier mit mittlerem Korn (Abb. 30)
Papier mit grobem oder extra-grobem Korn (Abb. 31)

Darüber hinaus gibt es das sogenannte Reispapier aus Japan, das von Hand geschöpft wird und eine Struktur ähnlich dem Saugpapier besitzt. Es weist kein Korn auf, ist jedoch soweit verleimt, daß man darauf malen kann, ohne ein Verlaufen der Farbe befürchten zu müssen. Reispapier wird vorzugsweise für die Sumi-e-Technik, eine japanische Laviertechnik östlicher Herkunft, verwendet, die mit schwarzer Chinatusche und einem Pinsel mit Damhirschhaar und Bambusstiel ausgeführt wird.

Feinkörniges oder satiniertes Papier wird mit *heißem Kalander* gewalzt. Es eignet sich ausgezeichnet für die Aquarellmalerei, vor allem für Gebrauchsgrafiker, die häufig mit Tinten und der Spritzpistole arbeiten. Auch für stark ausgearbeitete Aquarelle kann man es verwenden – vorausgesetzt, der Künstler besitzt genügend Erfahrung mit der Arbeit auf diesem beinahe glatten Papier. Malt man nämlich mit zuviel Wasser, verlaufen die

Abb. 29 bis 31: Hier die Reproduktion in Originalgröße dreier Entwürfe mit Aquarellfarben auf Papier mit feinem Korn (29), mit mittlerem Korn (30) und mit grobem Korn (31). Das Papier mit extra-grobem Korn eignet sich hervorragend für das großformatige Aquarell eines Fachmanns. Feinkörniges Papier paßt zu kleineren Aquarellen und Illustrationen; Papier mit mittlerem Korn wird von zahlreichen Kunstmalern für jedwede Arbeit geschätzt.

29

30

31

Formen. Die Umrisse lösen sich auf, und das Aquarell verschmutzt. Verwendet man dagegen zu wenig Wasser, trocknet die Farbe rasch und erzeugt „Brüche".
Grobkörniges oder extra-grobkörniges Papier weist genau entgegengesetzte Eigenschaften auf. Es wird speziell für die Aquarellmalerei hergestellt. In den winzigen Zwischenräumen des Korns sammelt sich die Aquarellfarbe und verhindert ein zu rasches Auftrocknen. Es erfordert also keine ausgeprägte Erfahrung, um die Farbmenge zu kontrollieren, Farbschichten zu überlagern und Formen zu begrenzen und zu verschmelzen. Dies ist das ideale Papier für das großformatige Aquarell des erfahrenen Kunstmalers.
Papier mit mittlerem Korn ist für uns am besten geeignet. Es bietet logischerweise die meisten Vorteile und erzeugt die geringsten Probleme. Probieren Sie zwei oder drei Marken aus – das Korn ist nicht bei allen gleich –, wählen Sie das Ihnen am meisten zusagende, und arbeiten Sie eine gewisse Experimentierphase damit. Nur so können Sie zu eigenen Schlußfolgerungen gelangen.

Abb. 32: Hier das am meisten verwendete Qualitätspapier für die Aquarellmalerei. Von links nach rechts: handgeschöpftes 250-g-Papier (1); 640 g Arches, handgeschöpft (2); ein Block von Fabriano (3); Malpappe von Schoeller-Parole (4); 300 g Arche, handgeschöpft (5); 300 g Fabriano (6); 240 g Canson (7); Malpappe von Guarro (8).

32

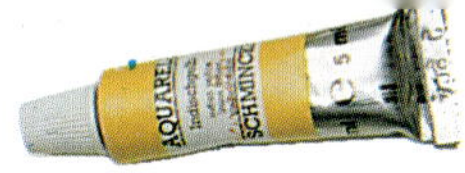

Maße und Gewicht von Aquarellpapier

Das Papiergewicht wird als Flächengewicht in Gramm pro Quadratmeter und als Kilogewicht je tausend Bogen (1 Ries) angegeben. Es gibt sowohl sehr dünnes Papier mit einem Gewicht von nur 45 g/qm als auch sehr dickes Papier wie das zu 370 g.
Aquarellpapier wird in bestimmten Formaten als Einzelblätter oder auf Pappe aufgezogen angeboten, um das Verziehen oder Wellen aufgrund der Feuchtigkeit der Farben zu verhindern. Der technische Fortschritt macht inzwischen auch die fotomechanische Wiedergabe von Werken auf Malkarton mittels des Scanners möglich.
Die Formate sind international nicht standardisiert, doch setzt sich auch hier langsam die DIN-Norm durch.
Erhältlich sind ferner Aquarellblöcke bis zu 35 × 50 cm mit zehn bis 25 Blatt Inhalt. Im deutschsprachigen Raum ist ein Inhalt von zehn Blatt am meisten verbreitet. Die Blöcke sind an allen vier Seiten verleimt und halten das Papier während des Malens gespannt.
Der nebenstehende Kasten zeigt die wichtigsten Papierhersteller nach Ländern geordnet in alphabetischer Reihenfolge.

Hersteller von hochwertigem Aquarellpapier

Hahnemühle	Deutschland
Schoellershammer	Deutschland
Whatman	England
Arches	Frankreich
Canson & Montgolfier	Frankreich
Fabriano	Italien
Guarro	Spanien

Abb. 33: Muster europäischer und amerikanischer Aquarellblocks. Die Blätter sind an allen vier Seiten verleimt. Dadurch erspart man sich das Spannen, das auf der gegenüberliegenden Seite beschrieben wird.

33

Abb. 34: Um die Blätter von den verleimten Aquarellblocks zu trennen, fährt man mit dem Messer oder einem Cutter unter das oberste Blatt und löst es vorsichtig an den Rändern vom Block. Manche Hersteller lassen eine kleine Stelle am Rand unverleimt, um das spätere Einführen des Messers und das Abtrennen zu erleichtern.

34

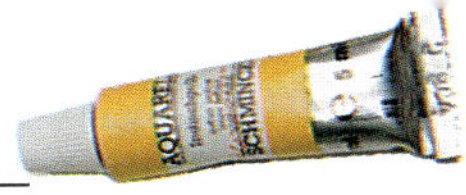

Spannen von Aquarellpapier

Zum Spannen feuchtet man das Papier an, montiert es mit Hilfe von vier Klebestreifen auf einer Sperrholzplatte und läßt es vier oder fünf Stunden trocknen. Anschließend ist es gespannt und kann auch beim Malen in der Naßtechnik nicht wellen oder verziehen.
Die meisten Kunstmaler verwenden jedoch an den vier Rändern verleimte Aquarellblocks oder dickes Papier von 250 g und mehr, das nicht gespannt zu werden braucht. Es genügt, wenn man es mit Reißzwecken oder Klemmen (vom Typ Bulldog) auf dem Zeichenbrett befestigt (Abb. 40).

Für den Fall, daß Sie doch einmal mit einem Papier unter 250 g arbeiten müssen, sollten Sie das Verfahren des Spannens kennen. Die Abbildungen unten zeigen den schrittweisen Ablauf (Abb. 35 bis 38). Wie Sie sehen, läßt sich das Papier auch mit einem sogenannten Tacker statt des Klebebandes auf dem Zeichenbrett befestigen (Abb. 39).

35

36

37

38

39

40

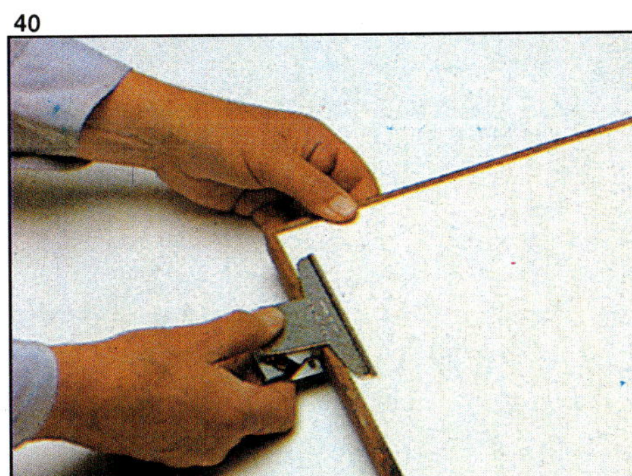

Abb. 35 bis 38: Hier das Verfahren zum Montieren und Spannen von Aquarellpapier, um die Bildung von Wassertaschen aufgrund von Feuchtigkeit bei der Aquarellmalerei zu vermeiden. Man feuchtet das Blatt Papier etwa eine Minute lang unter fließendem Wasser an (Abb. 35). Anschließend legt man das angefeuchtete Papier auf ein Holzbrett und zieht es ein wenig, um es zu dehnen (Abb. 36). Unmittelbar darauf befestigt man es an einem Rand sofort mit einem Klebestreifen (Abb. 37). Anschließend werden auch die drei übrigen Ränder befestigt. Jetzt braucht man das Brett nur noch waagerecht hinzulegen und ohne äußere Einwirkung etwa vier bis fünf Stunden trocknen zu lassen.

Abb. 39: Das angefeuchtete Papier kann auch mit Metallklammern aus einem Takker befestigt werden, wie ihn Dekorateure verwenden.

Abb. 40: Zahlreiche Kunstmaler verzichten jedoch auf das Spannen des Papiers und befestigen es nur mit Reißzwecken oder Metallnadeln, ohne es zuvor anzufeuchten. Dafür muß es sich allerdings mindestens um 350-g-Papier handeln.

Wasser und diverses Zubehör

Aquarellfarben werden in Wasser gelöst, genauer gesagt in Leitungswasser. Man benötigt dafür ein Glasgefäß mit weiter Öffnung und einem Fassungsvermögen von mindestens einem Liter (Abb. 41). Zahlreiche Kunstmaler verwenden zwei Wassergefäße, eines davon ausschließlich zum Abwischen und Reinigen des Pinsels. Fresquet und ich raten Ihnen jedoch, mit einem einzigen Gefäß zu arbeiten und sich nicht darum zu kümmern, daß das Wasser während des Fortschreitens Ihres Bildes immer schmutziger wird. Mit diesem unsauberen, verschmutzten, graustichigen Wasser lassen sich zu grelle Farben ausgezeichnet harmonisieren; außerdem eignet es sich zum Anfeuchten und Aussparen von Weißflächen, da die Begrenzungen leicht sichtbar bleiben. Bei der Arbeit im Freien verwendet man normalerweise ein unzerbrechliches Plastikgefäß.

Ferner benötigt man zum Malen mit Aquarellfarben einiges Zubehör, das wir auf Abbildung 42 zeigen. Manche dieser Dinge – wie das Saugpapier, Rubbelgummi oder das Verlaufmittel – verwendet Fresquet nicht, wie Sie auf den folgenden Seiten selbst feststellen werden. Es empfiehlt sich jedoch, das Material – insbesondere das Saugpapier – zur Hand zu haben. Zahlreiche Aquarellmaler arbeiten ständig damit.

41

Abb. 41: Hier sehen Sie einige geeignete Wassergefäße. Die Gläser sind für das Atelier, die Kunststoffgefäße für die Arbeit im Freien bestimmt. In jedem Fall müssen sie mindestens ein oder zwei Liter fassen und eine weite Öffnung besitzen.

Abb. 42: Auf dieser Abbildung sehen Sie einiges Zubehör zum Malen mit Aquarellfarben: eine Rolle Saugpapier zum Absaugen der Farbe und Ausdrücken des Pinsels (A); Rubbelgummi zum Aussparen von Weiß (B); Pinsel mit abgeschrägtem Kunststoffstiel zum Öffnen von Weiß auf kürzlich gemalter Fläche (C); Wattestäbchen zum Absaugen von Farbe bei der Naßtechnik (D) und einen weißen Wachsstift, dessen Striche beim Übermalen das Wasser abstoßen und die Fläche weiß halten (E). Außerdem finden Sie hier ein Medium, das aus einer säurehaltigen Gummiflüssigkeit besteht. Gibt man einige Tropfen davon ins Aquarellwasser, beseitigt es mögliche Fettspuren auf dem Papier und fördert die Haftfähigkeit der Farben.

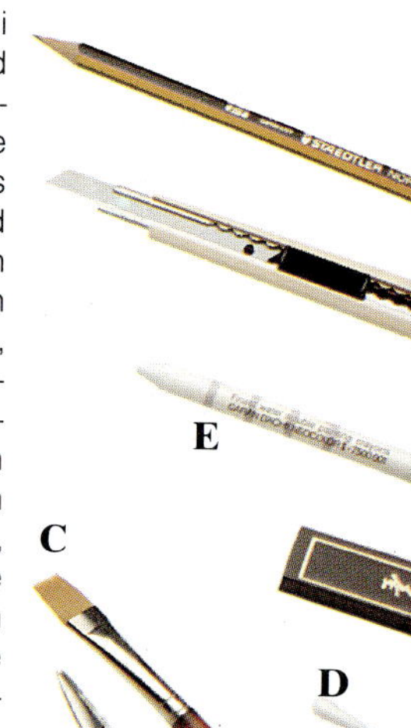

42

Ausrüstung zum Malen im Freien

43

Abb. 43: Fresquets Material zum Malen im Freien. Von links nach rechts und von oben nach unten: zusammenlegbarer Hocker, Strohhut als Sonnenschutz, Tubenfarben, ein Kunststoffgefäß zum Transport von Wasser, eine Palette mit Fächern zum Einordnen der Farben, ein Malkasten, ein schwarzer Papprahmen für die Wahl des Motivs und zum Bestimmen des Ausschnitts, eine zusammenlegbare Staffelei, Papier für Skizzen und Probestriche, verschiedene Pinsel etc. Oben rechts erkennen Sie einen Teil des Zeichenbretts. Das Zeichenpapier transportiert Fresquet in einer normalen Zeichenmappe.

Wir wollen uns jetzt mit der Praxis der Aquarellmalerei befassen. Das geht am besten, wenn wir zunächst die Technik und das Handwerk üben, ohne uns um die Probleme der Farben und ihre Mischungen kümmern zu müssen. Nichts ist daher zu Beginn geeigneter als eine ein- oder höchstens zweifarbige Lavierung, wie sie von vielen Künstlern von Rembrandt über Poussin, Lorraine und Constable ebenfalls hergestellt wurde.
Sie werden mit Pinsel, Wasser und Farbe eine Graufläche und eine Abstufung malen, Farbe absaugen und Brüche vermeiden lernen und die Bedeutung des Weiß des Papiers und der ausgesparten Flächen erfahren.
Schließlich werden Sie alles anhand einer Lavierung in die Praxis umsetzen, denn sie ist die wahre Vorstufe der Aquarellmalerei.

44

Die Lavierung: der erste Schritt zum Aquarell

Allgemeine Merkmale einer Lavierung

Die Lavierung gilt als Zeichnung, weil sie einfarbig ist, also mit Hilfe der gesamten Tonwertskala einer einzigen Farbe über hell, mittel bis dunkel hergestellt wird. Gleichzeitig ist sie ein Gemälde, da sie trotz des monochromen Charakters mit Farbe und Pinsel angelegt wird, die eher der Malerei als der Zeichnung zugeordnet werden.
Manche bezeichnen die Lavierung auch als Tuschzeichnung. Unbestreitbar ist sie jedoch die Vorstufe des Aquarells.
Wir wollen sie folgendermaßen definieren:

Die Lavierung ist ein künstlerisches Verfahren, bei dem alle Töne des Modells mit ein oder zwei Farben und mehr oder weniger Wasser und dem Weiß des Papiers mit Hilfe von Lasuren angelegt werden.

Unter einer Lasur versteht man in der Malerei den Auftrag einer transparenten Farbschicht entweder unmittelbar auf das Papier oder auf eine bestehende Farbe, damit ein neuer Farbton entsteht oder ein bereits existierender Farbwert verstärkt wird.

Abb. 44 (Seite 35): Rembrandt, *Figurstudie* (Ausschnitt), Rijksmuseum, Amsterdam. Rembrandt zeichnete und malte Hunderte von Skizzen von Gestalten und Landschaften mit Aquarellfarben in Sepia. Seine Meisterschaft bezeugt diese Abbildung.

45

Abb. 45: Die Laviertechnik ist praktisch identisch mit der Aquarelltechnik. Bei beiden hängen die Farbstärke und der Tonwert vom Weiß des Papiers ab.

46

Technik und Handwerk

Wir wissen bereits, daß die Lavierung mit ein oder zwei Farben unter gelegentlicher Hinzunahme von Schwarz hergestellt wird. Dabei handelt es sich um Farben, wie sie aus der Tube kommen. Sie sind also deckend. Um die gesamte Tonwertskala vom intensivsten Ton bis zum Weiß des Papiers zu erlangen, müssen sie mit Wasser verdünnt werden. Je mehr Wasser man hinzufügt, desto stärker scheint das Weiß des Papiers durch und desto heller wird der Farbton.

Es gibt keine Regel darüber, welche Farben sich am besten für eine Lavierung eignen. Nach Möglichkeit verwendet man jedoch dunkle Farben wie Dunkelblau, ein Flaschengrün, Siena oder Umbra gebrannt etc. Bei manchen Themen können allerdings hellere Farben wie Ultramarin, Kobaltblau oder Ocker angezeigt sein. In jedem Fall gibt es die Möglichkeit, diese Farben mit Schwarz zu mischen oder zwei Farben wie Kobaltblau und Umbra gebrannt zu verbinden, die zusammen mit Schwarz und dem Weiß des Papiers eine beinahe normale oder zumindest sehr breite Farbskala ergeben, wie Abbildung 46 zeigt.

In ihrer reinsten Form schließt die Lavierung Retuschen oder gar Übermalen mit Deckweiß aus. Mit anderen Worten:

Bei der Lavierung wie beim Aquarell wird das Weiß der Zeichnung durch vorheriges Aussparen der Flächen erzielt.

Zum Anlegen einer gleichförmigen grauen Zone muß man also eine gewisse Menge Aquarellfarbe mit einer bestimmten Wassermenge verdünnen, bis die erforderliche Farbe-Wasser-Mischung erreicht ist.

Das wollen wir jetzt tun und zunächst mit einer einzigen Farbe eine gleichmäßige Graufläche und anschließend eine Abstufung malen. Man sagt zu Recht, wer mit Aquarellfarbe, Wasser und Pinsel einen völlig gleichförmigen Ton anlegen kann, dem gelingt jedes Aquarell.

Abb. 46 (vorige Seite): Für die Lavierung verwendet man normalerweise intensive Farben wie die auf dieser Abbildung.

Abb. 47: Die Abbildung unten zeigt eine breite Farbskala, die aus nur zwei Farben entstanden ist, nämlich aus Kobaltblau und Umbra gebrannt.

47

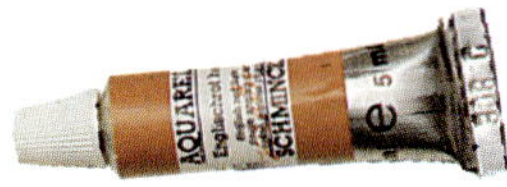

Anlage einer absolut gleichförmigen Fläche

Benötigtes Material
1 Wassergefäß
1 Näpfchen oder eine Untertasse
Zeichenpapier mit mittlerem Korn
1 Blatt Papier für Probestriche und als Palette
Aquarellfarbe Kobaltblau
1 oder 2 Pinsel (Nr. 6 und 12)
1 Rolle Saugpapier
1 Zeichenbrett
Klemmen

Befestigen Sie das Zeichenpapier mit Reißzwecken auf dem Zeichenbrett, und zeichnen Sie mit Bleistift ein Rechteck von 13 cm Breite und 12 cm Höhe.

Geben Sie etwas Kobaltblau in das Näpfchen oder auf die Untertasse. Nehmen Sie dazu den Pinsel Nr. 12, feuchten Sie ihn an und lassen Sie ihn sich beinahe mit Wasser vollsaugen. Geben Sie diese Wasserfüllung in den Napf, und wiederholen Sie das Verfahren einige Male. Nehmen Sie nun etwas Farbe mit dem Pinsel auf, geben Sie sie ins Wasser und verrühren Sie sie, bis sie völlig aufgelöst ist.
Aber noch Geduld! Bevor Sie die hellblaue Fläche malen, sollten Sie den Farbton prüfen.
Füllen Sie den Pinsel, lassen Sie ihn abtropfen, und legen Sie auf einem Extrablatt einen Probestrich an. Hierzu benötigen wir das Stück Papier, das uns auch als Palette dient (Abb. 48). Alles in Ordnung? Dann aufgepaßt.

Abb. 49: Neigen Sie Ihr Zeichenbrett um etwa 30 Grad.
Abb. 50: Tauchen Sie den Pinsel erneut in die Farbe-Wasser-Mischung, lassen Sie ihn diesmal jedoch nicht abtropfen, sondern führen Sie ihn sofort auf das Papier. Ziehen Sie einen waagerechten ununterbrochenen Streifen von etwa 2 cm Breite von links nach rechts, als hätten Sie einen Bleistift in der Hand.

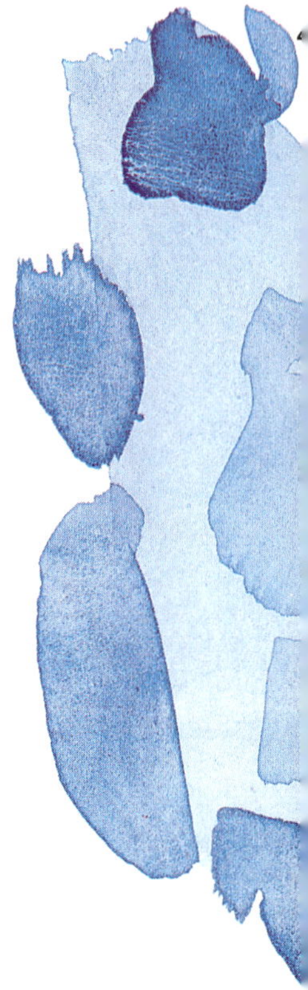

49

50

Abb. 48: Viele Kunstmaler halten beim Malen mit Aquarellfarben ein Extrablatt für Probestriche bereit, oder sie verwenden den Rand ihres Zeichenblatts dafür.

Abb. 49: Hier sehen Sie die korrekte Haltung des Malers während der Arbeit mit Aquarellfarben sowie die Neigung des Zeichenbretts auf der Pultstaffelei.

Abb. 50: Beim Malen einer gleichförmigen Fläche oder eines Gewölks beginnt man am oberen Rand mit einem Streifen von einer Seite zur anderen.

51

Abb. 51: Anschließend fährt man auf dem geneigten Zeichenbrett mit senkrechten Pinselstrichen fort, so daß sich die Farbe unten ansammelt.

52

Abb. 52: Zum Abschluß saugt man den Farbüberschuß mit dem gut ausgedrückten Pinsel ab.

Abb. 51: Malen Sie einen weiteren Streifen unter den ersten, und sorgen Sie dafür, daß sich wiederum unten Farbe ansammelt. Legen Sie noch einen Streifen darunter etc., bis Sie den unteren Rand erreicht haben.

Abb. 52: Achtung: Wenn Sie den unteren Rand erreicht haben, bleibt ein Farbüberschuß, der entfernt werden muß. Das ist ganz einfach: Reinigen Sie den Pinsel mit frischem Wasser, drücken Sie ihn in Saugpapier aus, und führen Sie die Pinselspitze am unteren Rand der Fläche entlang. Sie verhält sich wie ein Schwamm und saugt die angesammelte Farbmischung teilweise oder ganz ab.

Dieser Übung entnehmen wir zwei wichtige Feststellungen, die ich hier noch einmal zusammenfassen möchte.

Bei der Lavierung wie beim Aquarell malt man in der Regel von oben nach unten.

Beim Malen einer Lavierung oder eines Aquarells wird der Pinsel normalerweise senkrecht geführt.

Absaugen von Farbe auf frisch gemalter Fläche

Soeben war davon die Rede, wie man den Farbüberschuß in der Schlußphase der Herstellung einer Graufläche absaugt. Lassen Sie mich in diesem Zusammenhang ein oder zwei handwerkliche Tricks anführen, die bei der Laviertechnik am häufigsten angewendet werden. Ich meine das Verfahren, das alle Kunstmaler verwenden, um unmittelbar nach dem Malen einen Farbton abzuändern, auszugleichen, abzuschwächen, abzustufen oder zu verbessern, also „zur vorigen Stufe zurückzukehren", zu verstärken oder aufzuhellen, worin ja die eigentliche Kunst des Modellierens und der Erzeugung von Volumen der Körper besteht. Feuchten Sie dazu Ihren Pinsel mit sauberem Wasser an, und drücken Sie ihn auf die entsprechende Stelle. Lassen Sie das Wasser einen Moment einwirken, und fügen Sie gegebenenfalls weiteres Wasser hinzu. Versuchen Sie anschließend, die Farbe mit Hilfe des Pinsels aufzulösen. Waschen Sie den Pinsel, und drücken Sie ihn in Saugpapier aus. Saugen Sie die aufgelöste Farbe ab, und wiederholen Sie das Verfahren, falls nötig, bis das Papier beinahe wieder weiß ist.

Benötigen Sie ein absolutes Weiß, können Sie das Wasser zu gleichen Teilen mit Chlorbleichwasser mischen. Für diese Arbeit benötigen Sie allerdings einen Kunstfaserpinsel. Der Rotmarderpinsel hält die ätzende Wirkung des Bleichwassers nicht aus.

Abb. 53: Mit dem Pinsel läßt sich nachträglich eine Farbe oder ein Ton verändern, ausgleichen, verstärken, abstufen oder gar entfernen, um das Weiß hervorzuholen. Legt man den gereinigten und gut ausgedrückten Pinsel auf die kürzlich gemalte Fläche, verhält er sich wie ein Schwamm und saugt die Farbe wieder auf (A). Um die Farbe vollständig zu entfernen, kann man eine Lösung aus Wasser und 50 % Bleichwasser einsetzen (B).

53

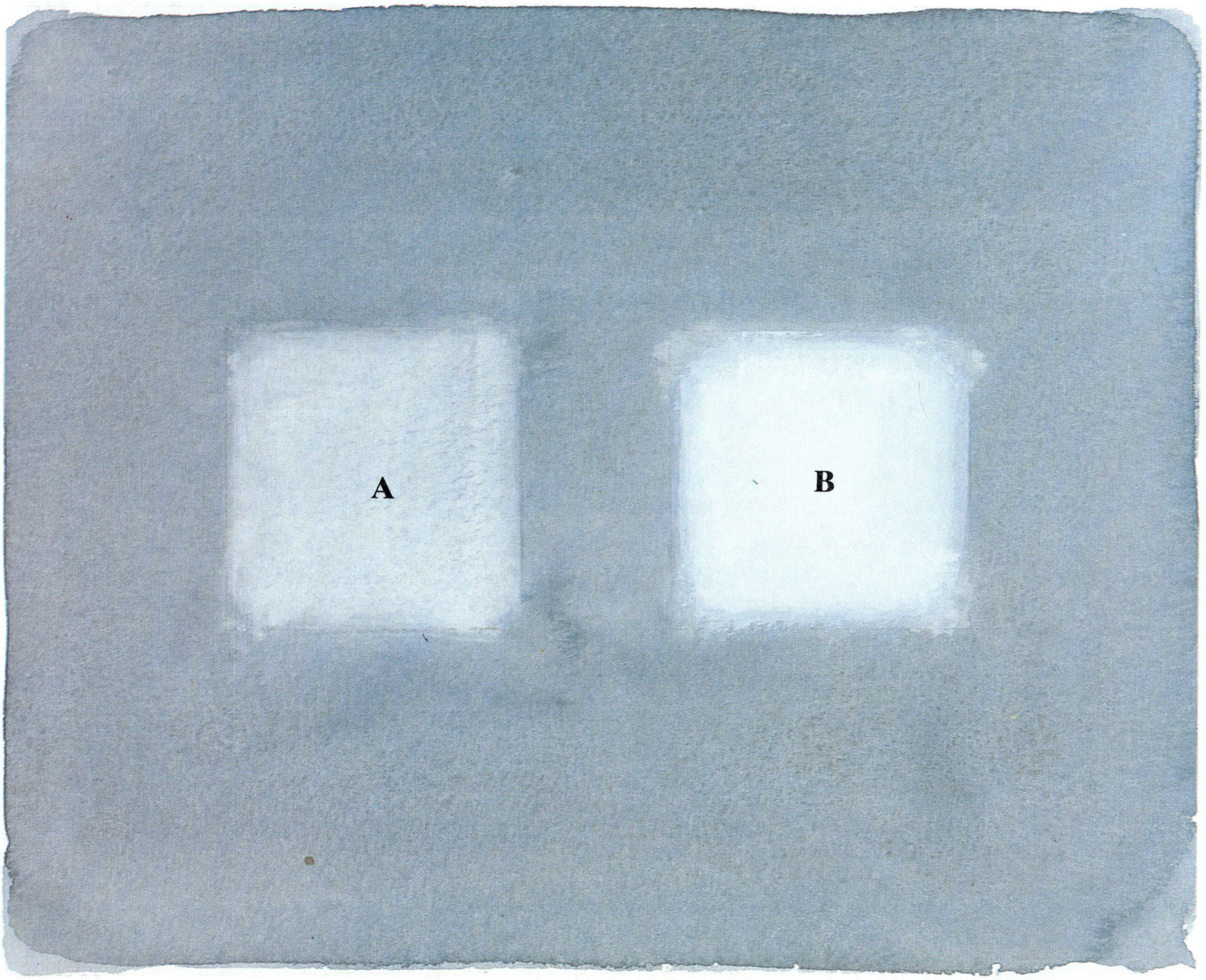

Malen von wolkigen Flächen in der Naßtechnik

Unter wolkigen Flächen verstehen wir hier alle großen Flächen mit leichten Tonwertvariationen, Abstufungen mit sehr wenigen Kontrasten und beinahe gleichförmige Flächen. Normalerweise arbeitet der Künstler dazu in der Naßtechnik. Das heißt, er feuchtet die zu behandelnde Fläche vorab mit sauberem Wasser an. Hier das Verfahren:
Begrenzen Sie die zu behandelnde Fläche mit einem feinen Bleistiftstrich, und feuchten Sie sie mit einem japanischen Fächerpinsel oder einem kleinen Schwamm an. Wichtig ist, daß das Anfeuchten kontrolliert und gleichmäßig erfolgt, damit keine sogenannten „Wassertaschen“ entstehen. Tragen Sie die vorbereitete Farbe-Wasser-Mischung auf, und verstärken Sie den Ton an bestimmten Stellen, um die Gleichförmigkeit aufzulockern.
Aber Vorsicht: Das Papier muß unbedingt feucht bleiben, damit keine „Brüche“ entstehen. Malt man Grauflächen oder Abstufungen mit zu wenig Farbe oder nicht rasch genug, trocknet die Fläche auf, und der fortlaufende Ton erhält einen Bruch (Abb. 54 A).

Abb. 54: Einen Hintergrund, ein Gewölk oder eine breite Abstufung legt man normalerweise in der Naßtechnik an. Dazu wird das Papier zuvor mit einem Schwamm oder einem breiten Pinsel angefeuchtet und die Farbe anschließend auf noch feuchter Fläche ausgeglichen. Für derartige Flächen muß man verhältnismäßig entschlossen und zügig arbeiten, damit die Farbe nicht vorzeitig trocknet und keine Brüche entstehen (Abb. 54A).

54

Anlegen einer Abstufung

Ausgangspunkt der Abstufung bildet ein waagerechter dunkler Streifen. Anschließend reinigen wir so rasch wie möglich den Pinsel und feuchten die Gesamtfläche für die Abstufung von rechts nach links mit sauberem Wasser an . . . (Abb. 55 A).

Abb. 55 B: . . . bis wir den Rand des dunklen Streifens erreicht haben. Wichtig ist, daß der Streifen noch feucht ist, damit sich die Farbe ausziehen und mit raschen, senkrechten Pinselstrichen abstufen läßt.

Abb. 55 C: Reinigen Sie erneut den Pinsel, lassen Sie ihn abtropfen und trocknen Sie ihn mit Saugpapier. Saugen Sie nun ab der Mitte des Streifens die überschüssige Farbe-Wasser-Mischung ab.

Abb. 55 D: Reinigen Sie den Pinsel noch einmal, trocknen Sie ihn und ziehen Sie die Farbe damit über die noch verbleibende Fläche. Gleichen Sie den gesamten Streifen aus.

Sie erhalten nur dann ein gutes Resultat beim Verstärken oder Abschwächen des Farbtons, wenn die Fläche ständig feucht bleibt (um Brüche zu verhindern) oder die dunklen Stellen nicht zu stark überwiegen.

Die Lavierung und die Aquarellmalerei gehören zu den künstlerischen Techniken, die am meisten Übung und praktische Kenntnisse verlangen. Sorgen Sie sich also nicht, wenn sie beim ersten oder zweiten Mal noch keinen Erfolg haben.

Abb. 55: Bei einer Abstufung muß die Fläche anschließend mit dem mehr oder weniger gefüllten Pinsel noch einmal angefeuchtet und anschließend durch Absaugen oder Zufügen von Farbe harmonisiert werden, wie es die Abbildungen zeigen.

55

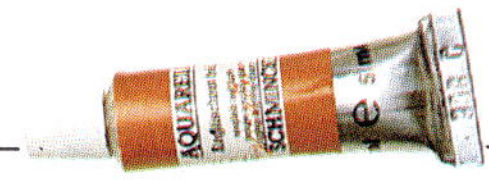

Überlagern von Tönen oder Lasuren

Bei der Herstellung einer Lavierung oder eines Aquarells legt man normalerweise mehrere Schichten übereinander, um die Farbwerte zu verstärken, die Formen herauszuarbeiten und Kontraste zu schaffen. Für die Anlage eines Würfels müssen Sie zum Beispiel jede Seite einzeln malen und dabei mehrere Lasuren übereinanderlagern.

Abb. 56: Malen Sie zunächst mit einem gleichförmigen Grauton die Schattenflächen.

Abb. 57: Warten Sie, bis die Schicht getrocknet ist, und legen Sie eine weitere Schicht oder Lasur auf die dunkelste Seite.

Abb. 58: Zum Schluß legen Sie einen hellen Farbstreifen auf die obere hintere Ecke . . .

Abb. 59: . . . und stufen Sie ihn rasch ab, solange er noch feucht ist. Dazu lösen Sie ihn mit dem angefeuchteten Pinsel auf und gleichen ihn aus.

Bevor man einen Farbton auf den nächsten legt, muß der erste unbedingt vollständig getrocknet sein. Glauben Sie nun aber bitte nicht, daß eine gute Lavierung oder ein gutes Aquarell aus der Überlagerung zahlreicher Farbschichten besteht. Nein. das ist grundfalsch! Das genaue Gegenteil ist der Fall. Lassen Sie es mich ganz deutlich sagen:

Das wesentliche Merkmal einer guten Lavierung oder eines guten Aquarells besteht darin, daß die Töne auf Anhieb oder mit so wenig Schichten wie möglich erzielt werden.

Abb. 56 bis 59: Ein solcher Würfel in vergrößertem Format (mindestens doppelt so groß) mit seinen Grautönen, Grundflächen, Lasuren und der Abstufung auf der Oberseite ist zweifellos eine hervorragende Übung, um das bisher Erlernte an einem praktischen Beispiel anzuwenden, damit Sie es anschließend ebenfalls bei der Aquarellmalerei einsetzen können.

56

57

58

59

Die erste Lektion liegt hinter uns: Grauflächen, Abstufungen, das Absaugen von Farbe und das Wissen um die Brüche – all jene handwerklichen Geheimnisse eines guten Aquarells, die wir schließlich bei einer Übung mit einem Würfel praktisch angewendet haben.
Die nächste Lektion geht erheblich weiter, man könnte beinahe sagen: sie ist entscheidend, denn wir werden unter anderem einen Zylinder und eine Kugel malen und zum Abschluß ein so realistisches Modell wie einen Pferdekopf ausarbeiten.
Dabei ist die Übung mit der Kugel vielleicht am schwierigsten. Malen Sie daher verschiedene Würfel, verschiedene Zylinder und zahlreiche Kugeln, bevor Sie die letzte Übung mit dem Pferdekopf beginnen. Denn dieses und alle weiteren Modelle, angefangen von einem Baum bis zum menschlichen Körper, setzen sich grundsätzlich aus Zylindern, Würfeln und Kugeln zusammen. Sind Sie also in der Lage, die kreisförmige Abstufung auf einer Kugel mit ihrem Spiel von Licht und Schatten, den Reflexen und Spitzlichtern wiederzugeben, werden Ihnen Früchte, ein Gesicht, ein Berg oder eine Blume keine Schwierigkeiten mehr bereiten.

60

Praktische Übungen im Lavieren

Ein Buch mit zwei Farben

Zur Vertiefung Ihrer Kenntnisse folgt eine Reihe praktischer Übungen im Lavieren, damit Sie die ersten Erfahrungen in dieser Technik sammeln können.

Wir haben versucht, bei den ersten Formen und Modellen alle technischen Schwierigkeiten zusammenzufassen, die bei einer Lavierung oder einem Aquarell auftauchen können. Beherrschen Sie diese Übungen also restlos, müßten Sie in der Lage sein, jedes noch so komplizierte Thema zufriedenstellend zu lösen.

Zunächst benötigen Sie eine gute Zeichnung anhand eines Buches als Modell, für die Sie Lineal und Winkeldreieck verwenden können. Berechnen Sie die korrekte Lage der Horizontallinie, der Fluchtpunkte etc.

Malen Sie nacheinander den Rücken A und die Kanten des Einbands B–C mit Karmin, und legen Sie für die Fläche D ein helles Paynesgrau an. Sparen Sie dabei das Spitzlicht in der hinteren Ecke *a* aus (Abb. 62). Anschließend malen Sie die Fläche E, also den Buchdeckel und sparen dabei das Rechteck für den Titel aus.

Nachdem die gesamte Fläche mit der Karmin-Wasser-Mischung angefeuchtet ist, geben Sie eine Schicht Karmin auf den hinteren Teil des Deckels. Reinigen Sie anschließend den Pinsel, und ziehen Sie den Ton als Abstufung nach unten aus (Abb. 63).

Verstärken Sie nun die Kanten B und C sowie die Fläche A, die dem Buchrücken entspricht, mit einer weiteren Schicht oder Lasur derselben Farbe wie zuvor (eventuell etwas intensiver). Mit Paynesgrau wird auch der Wurfschatten angelegt und nach außen hin abgestuft (Abb. 64).

Legen Sie zum Abschluß eine Abstufung für die dunkelste Stelle des Rükkens an. Betrachten Sie zu diesem Zweck Abbildung 64 und die fertige Lavierung auf Abbildung 65. Ziehen Sie einen dunklen Streifen, stufen Sie ihn ab, solange er noch feucht ist, gleichen Sie ihn aus und harmonisieren Sie ihn, bis Sie das Ergebnis von Abbildung 65 erreicht haben.

Damit dieses Verfahren gelingt, muß die vorherige Schicht jeweils unbedingt absolut trocken sein, bevor man weiterarbeitet. Verstärken Sie zum Abschluß dieser Übung die Zone *b* mit einer dunklen Linie, und malen Sie den Buchtitel mit ein paar einfachen Pinselstrichen.

61

Abb. 61: Diese Übung läßt sich mit den beiden hier abgebildeten Farben durchführen: Krappkarmin und Paynesgrau.

62

Abb. 62: Malen Sie, nachdem Sie eine perfekte lineare Zeichnung in der richtigen Perspektive angelegt haben, zunächst mit Karmin den Buchrücken und die Kanten des Deckels, und sparen Sie dabei das kleine Spitzlicht *a* aus. Warten Sie, bis die Farbe getrocknet ist, und legen Sie eine Abstufung vom hinteren Winkel nach vorn an.

63

Abb. 63: Mit demselben Karmin malen Sie nun den Buchdeckel und sparen dabei das Rechteck für den Titel aus. Nachdem diese erste Schicht getrocknet ist, legen Sie eine Abstufung vom hinteren Winkel nach vorn an.

64

Abb. 64: Jetzt muß die Farbe des Buchrükkens und der Kanten des Deckels verstärkt werden. Ist das Karmin getrocknet, malen Sie mit Paynesgrau den Wurfschatten des Buches.

65

Abb. 65: Verstärken Sie zum Abschluß, falls nötig, die Farben im Schatten, zum Beispiel den Buchrücken an seiner dunkelsten Stelle, und malen Sie mit einfachen Strichen den aufgedruckten Titel.

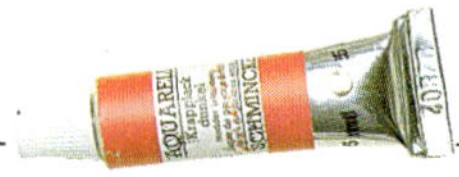

Eine Kugel als Lavierung

Zeichnen Sie zunächst die Kugel mit einem Bleistift HB und gegebenenfalls einem Zirkel. Deuten Sie das Spitzlicht mit einem kleinen Kreis an (A), und zeichnen Sie anschließend den Wurfschatten (B). Feuchten Sie die gesamte Fläche für die Kugel mit Ausnahme des Kreises für das Spitzlicht mit wenig Wasser an. Legen Sie in der Naß-in-Naß-Technik eine erste, sehr helle Schicht auf die Kugel. Sparen Sie dabei das Weiß für das Spitzlicht aus, und versuchen Sie bereits, mit dem hellen Grundton der Kugel zu verschmelzen. Arbeiten Sie weiterhin auf feuchter Fläche, und malen Sie nun den Streifen für den Eigenschatten (Abb. 66).

Und jetzt rasch! Drücken Sie den Pinsel aus, ohne ihn zu reinigen, trocknen Sie ihn mit einem Lappen oder mit Saugpapier. Lösen Sie den vorigen Streifen zu einer kreisförmigen Abstufung auf. Warten Sie, bis die gesamte Kugel getrocknet ist, und feuchten Sie die Form für den Wurfschatten ein wenig an (C). Malen Sie die Form aus, und stufen Sie die Begrenzungen mit Hilfe der Feuchtigkeit ab (Abb. 67).

Warten Sie, bis alles getrocknet ist, und verstärken Sie, falls nötig, die Farbe der Schatten. Arbeiten Sie immer in der Naßtechnik, und halten Sie sich dabei an das beschriebene Verfahren (Abb. 68).

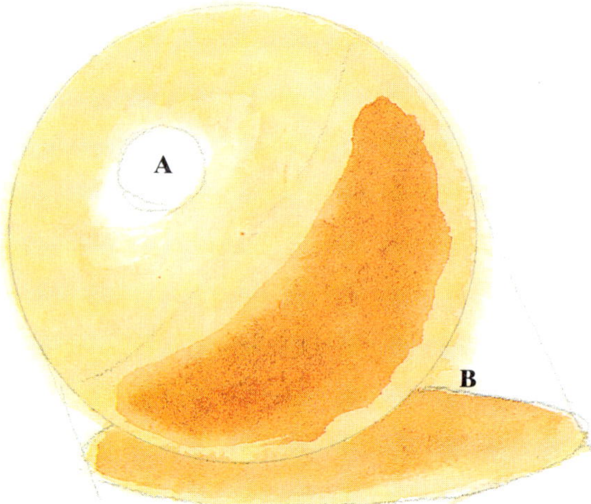

66

67

68

Abb. 66 bis 68: „Zeichnen lernt man durch Zeichnen" oder was auf dasselbe hinausläuft: „Malen lernt man durch Malen." Der allgemeine Text und die Illustrationen auf dieser Seite enthalten eine detaillierte Anleitung zum Malen der Kugel. Führen Sie diese Übung mehrmals durch, und malen Sie zahlreiche Kugeln, sonst werden Sie nie lernen, wie man sie korrekt als Lavierung anlegt.

Abb. 69 bis 71: Wenden Sie auf diese Übung all das an, was bei der vorigen über das Malen einer Kugel gesagt wurde. Üben Sie auf einem Extrablatt die Grautöne, die Abstufungen und die Wirkung von Licht und Schatten an zahlreichen Zylindern, Würfeln und Kugeln, damit Sie mehr Erfahrung erhalten und schließlich das Volumen bzw. die Formen aller Körper darstellen können.

Ein Zylinder und ein Würfel mit zwei Farben

Malen Sie zunächst mit stark verdünntem Permanentgrün die Seiten B und C des Würfels und dessen Wurfschatten. Stufen Sie die Begrenzungen des Schattens ab. Feuchten Sie die beleuchtete Seite des Zylinders (D) an, und malen Sie in der Naßtechnik den Schatten des Zylinders (Abb. 69).
Verstärken Sie die Seite C des Würfels im oberen linken Winkel, und legen Sie nach dem Trocknen die weiche Abstufung von Seite A sowie eine auf der Oberseite des Zylinders an (E). Feuchten Sie den Zylinder erneut mit wenig Wasser an und verstärken Sie die Abstufung für den Schatten mit einem intensiven Streifen von oben nach unten (Abb. 70). Führen Sie die Abstufung zur rechten Seite, und saugen Sie an der Begrenzung ein wenig Farbe ab, um das reflektierende Licht wiederzugeben. Beenden Sie die Übung mit dem Wurfschatten des Zylinders, sobald die Abstufung getrocknet ist (Abb. 71).

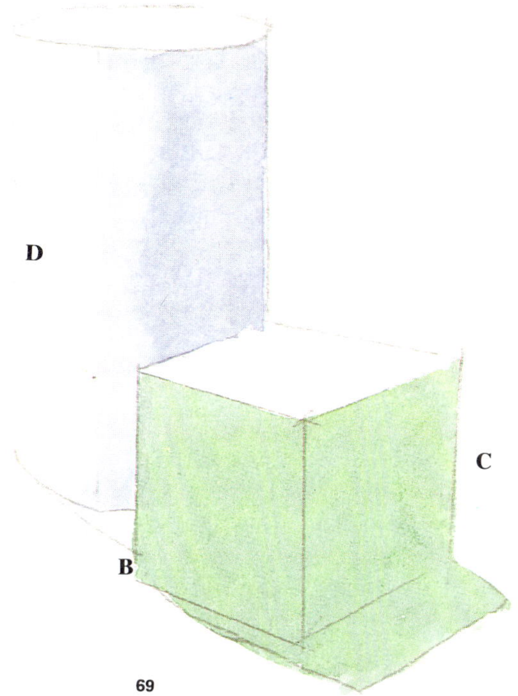

69

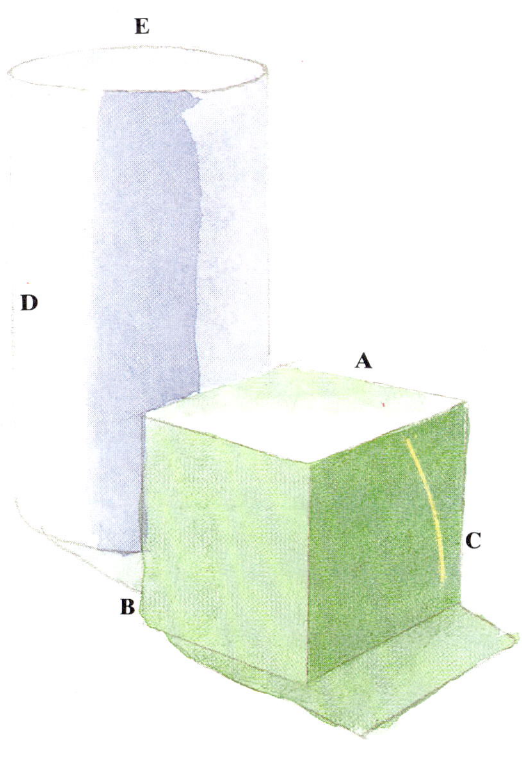

70

71

Ein Pferdekopf als einfarbige Lavierung

Wir wollen jetzt einen Pferdekopf in der Laviertechnik malen und benutzen dazu als Modell die Abbildung 72. Bei dieser letzten Übung arbeiten wir nur mit einer Farbe, und zwar mit Umbra natur. Dadurch bleiben uns Farbprobleme erspart, und wir können unsere gesamte Aufmerksamkeit der Technik der Grautöne und Abstufungen widmen, die sich nicht von der Arbeit mit Aquarellfarben unterscheidet.

Vorzeichnung
Beginnen Sie, wie immer, mit einer äußerst sorgfältigen Skizze, und denken Sie daran, daß Ihr Endergebnis in erheblichem Umfang von einer korrekten Zeichnung abhängt. Sie können dafür – wie zahlreiche Berufskünstler – die Rastermethode verwenden, also das Modell mit einem Quadratnetz überziehen und es in derselben Größe oder vergrößert auf das Zeichenpapier übertragen. Wichtig ist nur, ich wiederhole es, daß die Zeichnung absolut sauber und korrekt ist (Abb. 73).

Abb. 73: Die Vorzeichnung für eine Lavierung oder ein Aquarell sollte möglichst aus wenigen Strichen bestehen und darf keine Schatten enthalten. Bedenken Sie, daß die Begrenzungen der Körper nicht aus Linien, sondern aus Tönen oder Farbe bestehen sollen und die Wirkung von Licht und Schatten ausschließlich mit Farbe ohne das Grau oder die Verschmutzungen durch die Bleistiftmine wiedergegeben werden muß.

72

73

Erstes Stadium: Anlage der Tonwerte
Feuchten Sie die gesamte Zeichnung des Pferdekopfes zunächst mit Pinsel und sauberem Wasser an. Überziehen Sie die Fläche anschließend mit einer Lasur, einem „Gewölk", das auf Anhieb die hellsten Töne des Modells wiedergibt (Abb. 74).
Ohne abzuwarten, bis diese Schicht getrocknet ist, tragen Sie eine weitere Lasur naß-in-naß auf und betonen dabei bewußt die dunkelsten Stellen des Modells (Abb. 75).

75

4

Abb. 74 und 75: Wie Abbildung 74 zeigt, legt man bei einer Lavierung zunächst eine erste Farbschicht an, in der die hellsten Stellen und die Spitzlichter breits ausgespart werden. Anschließend wird an bestimmten Stellen eine zweite Schicht aufgetragen, um die Farbe zu verstärken. Die ersten Kontraste entstehen, und das Modell nimmt Volumen an.

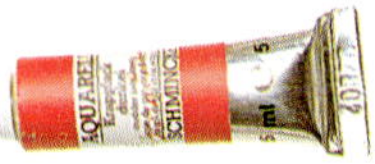

Ein Pferdekopf als einfarbige Lavierung

Warten Sie jetzt, bis die vorigen Schichten völlig getrocknet sind, und arbeiten Sie die Farbgebung genauer heraus, bis Sie das Ergebnis von Abbildung 76 erreicht haben.

Zweites Stadium: Endgültige Farbgebung
Arbeiten Sie je nach Bedarf weiter auf der getrockneten oder angefeuchteten Fläche, und berücksichtigen Sie dabei Ihre Kenntnisse über die Grautöne und Abstufungen. Verstärken Sie die Tonwerte, bis Sie das beinahe endgültige Stadium von Abbildung 77 erreicht haben.

Drittes Stadium: Abschlußarbeiten
Betrachten Sie zum Abschluß das Endergebnis auf Abbildung 78, und vergessen Sie nicht, daß dieses fertige Bild die Frucht einer geduldigen, präzisen Arbeit und eines ständigen Vergleichs von Modell und eigenem Werk ist.

77

76

Abb. 76 und 77: Es folgen neue sich überlagernde Schichten, wobei man immer von wenig nach mehr arbeitet, die Farben schrittweise verstärkt und dabei die Weißstellen weiterhin ausspart. Außerdem werden Grautöne und Abstufungen angelegt, je nachdem was das Modell einem „sagt".

78

Abb. 78: Hier das Endergebnis: eine Lavierung ausschließlich mit Umbra gebrannt in einem ziemlich akademischen Stil, der sich gut zur Zusammenfassung dessen, was wir bisher über die Lavierung erlernt haben, eignet. Gleichzeitig ist diese Übung ein erster Schritt zur Aquarellmalerei.

Nachdem wir die Lavierung beherrschen, können wir uns nun mit der weiter fortgeschrittenen Technik der Aquarellmalerei befassen. Unser Studienplan umfaßt zunächst die Möglichkeiten dieses Mediums im Hinblick auf die Themen und die künstlerischen Ausdrucksformen im allgemeinen. Wir fahren fort mit der Technik, das heißt, den Formen, der Sprache und den Strukturen, die mit Hilfe der Aquarellfarben erzielt werden können, und kommen dann zum Kapitel Farben und ihre Mischungen. Dabei malen wir zunächst nur mit drei Farben plus Schwarz und verfolgen mit praktischen Übungen Schritt für Schritt die Entstehung von Bildern, die Guillermo Fresquet gemalt hat. Schließlich malen Sie quasi als Abschlußexamen und Probe Ihres Wissens und Ihrer Kenntnisse selbst ein Aquarell.

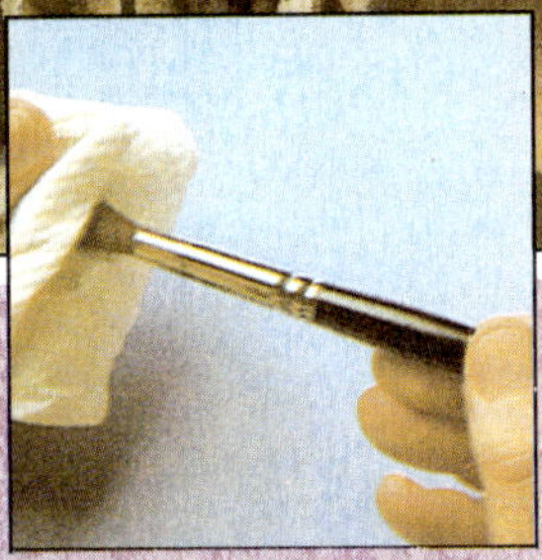

79

Technik und Handwerk der Aquarellmalerei

Die Möglichkeiten der Aquarellmalerei

Als künstlerisches Ausdrucksmittel steht die Aquarellmalerei nach der Malerei mit Ölfarben an zweiter Stelle. Sie bietet hinsichtlich der Themenwahl praktisch unbegrenzte Möglichkeiten, wofür unzählige Landschaftsbilder, Stilleben, Gestalten und Porträts in Museen und Galerien in aller Welt den Beweis liefern. Trotzdem sind Aquarellfarben zweifellos insbesondere für die Landschaftsmalerei geeignet, und hier wiederum für Land- und Stadtszenen sowie für das Seestück. Der Künstler benutzt Aquarellfarben ebenfalls für kleinformatige Skizzen großer Gemälde oder Wandbilder, die anschließend in Öl, mit Gouchefarben oder als Fresken ausgeführt werden sollen.
Ferner werden Aquarellfarben für architektonische Zeichnungen und Skizzen von Innendekorationen verwendet. Schließlich setzt der Künstler sie für Illustrationen und hier insbesondere für Kinderbuchillustrationen ein.

80

81

82

83

Abb. 80 bis 83: Die künstlerischen Ausdrucksmöglichkeiten der Aquarellmalerei sind praktisch unbegrenzt. Alle Motive, alle Themen, insbesondere Landschaften, Seestücke und Stadtszenen, aber auch Gestalten und Porträts sind damit möglich, wie uns diese Aquarelle von Fresquet beweisen (Abb. 80 und 81). Aquarellfarben eignen sich auch hervorragend für Illustrationen, wie anhand der Bilder von Maria Rius und Agustín Asensio zu sehen, die in Kinderbüchern von Parramón Ediciones erschienen sind. Werbegrafiker, Designer und Architekten arbeiten ebenfalls mit diesem künstlerischen Ausdrucksmittel.

Die Grundtechniken der Aquarellmalerei

Wichtigstes Merkmal der Aquarellmalerei ist die Transparenz ihrer Töne und Farben, die mit Wasser verdünnt auf das Weiß des Papiers getragen werden. Bei sehr wenig roter Farbe und einem großen Anteil Wasser scheint das Weiß des Papiers erheblich durch, und man erhält ein blasses Rosa. Erhöht man den Farbanteil, verringert sich die Transparenz; das Weiß des Papiers macht sich nicht mehr so stark bemerkbar, und das Rosa wird kräftiger. Aufgrund dieser Transparenz ergeben sich für die Aquarelltechnik drei Grundregeln:

1. **Beim Malen mit Aquarellfarben kann man keine hellen Farben auf eine dunkle Farbe legen.**
2. **Beim Malen mit Aquarellfarben arbeitet man von wenig nach mehr.**
3. **Beim Malen mit Aquarellfarben müssen Weiß und sehr helle Farbflächen von vornherein ausgespart werden.**

Befindet sich in der Landschaft, die wir malen wollen, zum Beispiel ein von Bäumen und Sträuchern umgebenes weißes Häuschen, müssen wir uns zunächst mit dem Grün des Laubs und der Bäume befassen und das Weiß für das Haus unangetastet lassen. Läuft ein heller erdfarbener Weg am Haus entlang, muß zunächst das helle Siena gemalt werden, das man später mit einem Siena gebrannt überlagert. Man arbeitet also stets von Hell nach Dunkel und hat die Möglichkeit, die Farbe durch Auftragen einer weiteren Schicht später zu intensivieren.
Das ist gar nicht so schwierig, wie es klingt. In gewissen Fällen erhalten wir durch Überlagerung einer neuen Schicht zusätzlich die Möglichkeit, eine Farbe nachträglich zu verändern. Abbildung 86 zeigt diesen Vorgang.

84

85

86

Abb. 84 bis 86: Grundregeln der Aquarellmalerei: Man kann keine helle Farben auf dunkle legen und malt daher von wenig nach mehr. Weiße und helle Farben müssen von vornherein ausgespart werden.

Spezialtechniken bei der Aquarellmalerei

Die Fähigkeiten eines guten Aquarellmalers zeigen sich im vorherigen Aussparen weißer Flächen. Dieses Aussparen kann jedoch auch mit anderen Mitteln erfolgen, nämlich:

Absaugen von feuchter Farbe
Hierbei saugt man eine kürzlich aufgetragene Farbe mit Hilfe eines ausgedrückten Pinsels einfach wieder ab (Abb. 87 A).

Aussparen von Weiß mit Hilfe von Wachs
Zeichnen Sie mit einem weißen Wachsstift eine Linie oder einen Fleck, und malen Sie anschließend mit Aquarellfarbe darüber, so stößt das Wachs das Wasser ab, und die Stelle bleibt weiß (Abb. 87 B).

Aussparen von Weiß mit Rubbelgummi
Dies ist das drastischste und sicherste Verfahren. Man malt die auszusparenden Flächen, Flecken oder Striche mit Rubbelgummi aus, der in allen guten

Abb. 87: Hier ein grafisches Beispiel für einige Spezialtechniken bei der Aquarellmalerei. Von links nach rechts: Öffnen von Weiß mit dem ausgedrückten Pinsel durch Absaugen von Farben (A); Aussparen von Weiß mit dem wasserabweisenden Wachsstift (B); das Aussparen von Weiß mit Rubbelgummi ist die sicherste Methode (C); Anlegen heller Striche auf dunklem Grund mit der abgeschrägten Spitze eines Pinselstiels oder mit dem Fingernagel (D); und zum Abschluß eine Spezialstruktur mit Hilfe von Kochsalz (E).

Künstlerbedarfsgeschäften erhältlich ist. Die entsprechend bearbeiteten Flächen werden übermalt und der Rubbelgummi nach Trocknen des Aquarells wieder entfernt. Zurück bleiben perfekt ausgesparte weiße Stellen.

„Öffnen" von Weiß auf feuchter Fläche mit der Spitze des Pinselstiels oder dem Fingernagel
Fährt man mit der Spitze des Pinselstiels oder dem Fingernagel – wie Fresquet es tut – über ein beinahe getrocknetes Aquarell, erhält man helle Striche, mit denen man feine helle Formen auf dunklem Grund, wie z. B. Spitzlichter, Zweige, Gräser etc., darstellen kann.

Spezialstrukturen mit Salz
Dies ist ein einfaches, aber äußerst wirksames Verfahren, bei dem man Kochsalz auf eine kürzlich bemalte, noch feuchte Fläche streut. Während das Aquarell trocknet, saugen die Salzkörner die Farbpigmente auf und ergeben seltsame helle Flecken. Sobald das Aquarell restlos trocken ist, braucht man die Salzkörner nur vorsichtig mit den Fingern zu entfernen und erhält ganz außergewöhnliche Strukturen.

87

Die Naßtechnik

Feuchten Sie das Papier mit sauberem Wasser an, malen Sie, ohne das Trocknen abzuwarten, zum Beispiel eine grüne Wiese darauf, und darüber, wiederum ohne vorheriges Trocknen, eine blaue Gebirgskette. Nutzen Sie die Feuchtigkeit, und legen Sie über das erste Grün ein weiteres dunkleres Grün, malen Sie einen Streifen mit Bäumen und Sträuchern etc. Saugen Sie zwischendurch immer wieder den Wasserüberschuß ab, damit sich die Formen abgrenzen und Kontraste entstehen. Fügen Sie weitere Farben hinzu, bis Ihr Bild fertiggestellt ist. Damit haben Sie ein Aquarell im ganz besonderen Stil der Naß-in-Naß-Technik angefertigt, das sich durch duftige, unscharfe Formen vor allem der entfernteren Umrisse und Silhouetten auszeichnet (Abb. 88). Diese Technik paßt vor allem zu Themen mit geringen Kontrasten – eine graue, schattige Landschaft, Wolkenszenen, etc. Außerdem eignet sie sich zur Darstellung weit zurückliegender Flächen, Himmel, Hintergründe etc., allerdings auch für besonders kontrastreiche Motive wie eine Landschaft im vollen Sonnenschein.

88

Abb. 88: Ein Aquarell in der Naßtechnik mit verfließenden Farben und Formen, bei dem man die Farbe auf die zuvor angefeuchtete Fläche oder die vorige, noch feuchte Schicht trägt. Das führt zu einem Bild mit ätherischen, diffusen Formen, wie anhand dieses Beispiels zu sehen.

Zügige Arbeitsweise

Ein modernes Aquarell läßt sich nicht in mehreren Sitzungen herstellen.
Alle Künstler und heutigen Handbücher verstehen das Aquarell als Darstellung eines Eindrucks, bei dem zum Beispiel eine Landschaft mit jener Sonne, jener Farbe und jenem Spiel von Licht und Schatten wiedergegeben wird, die im Augenblick des Malens vorherrschen. Für ein Landschaftsbild benötigt man nicht mehr als drei Stunden. Eine rasche Farbstudie erfordert höchstens eine halbe Stunde, und eine Skizze kann in zehn bis 15 Minuten angefertigt werden.

89

90

91 Abb. 89 bis 91: Das Aquarell erfordert eine rasche Arbeitsweise, bei der man fast immer „alla prima" malt und anschließend nichts mehr retuschieren oder verbessern kann. Deshalb lassen sich auch Zeiten dafür festlegen: etwa zehn Minuten für eine Skizze, eine halbe Stunde für einen Farbentwurf und drei, maximal vier Stunden für ein ausgearbeitetes Aquarell.

Ich nehme an, Sie kennen das folgende Phänomen der Farbentheorie bereits: Allein mit den drei Farben Blau, Purpur und Gelb lassen sich alle Naturfarben wiedergeben. Auf der Grundlage dieses Prinzips, das sich auf die Primär- und Sekundärfarben des Spektrums bezieht, werden wir die Mischung von 64 unterschiedlichen Farben untersuchen, die ausschließlich aus Mischungen der drei Grundfarben unter Zuhilfenahme von Schwarz entstehen ... Selbstverständlich beschränken sich die möglichen Mischungen nicht auf diese 64 Farben; ihre Anzahl ist praktisch unbegrenzt. Ein Beweis dafür ist die Landschaft auf der übernächsten Seite, die Fresquet mit einer breiten Farbskala ausschließlich aus den drei Grundfarben plus Schwarz gemalt hat.

92

Mit den drei Grundfarben und Schwarz

Blau, Purpur, Gelb und Schwarz

Wie Ihnen bekannt, ergibt die paarweise Mischung zweier Grundfarben drei neue Farben, die Zweitfarben. Mischt man diese wiederum mit ihrer nahesten Grundfarbe, erhält man die sechs Drittfarben. Deren Mischung mit den Grund- und Zweitfarben ergibt die zwölf Viertfarben. Das läßt sich bis zu einer unendlichen Skala weiterführen (Abb. 95).

Die Abbildung unten zeigt eine Landschaft, die ausschließlich mit den drei Grundfarben Blau, Purpur und Gelb sowie gelegentlichem Schwarz für die dunkleren Töne und dem Weiß des Papiers hergestellt wurde.

94

93

Allein mit den drei Grundfarben Zyanblau (oder Preußischblau), Purpur (oder Karmin) und Gelb lassen sich alle Farben der Natur einschließlich Schwarz mischen (Abb. 93).

Grundfarbe + Grundfarbe = Zweitfarbe:
Purpur + Gelb = Rot
Gelb + Zyanblau = Grün
Zyanblau + Purpur = Dunkelblau

Grundfarbe + Zweitfarbe = Drittfarbe:
Gelb + Grün = Hellgrün
Grün + Zyanblau = Chromoxidgrün
Dunkelblau + Zyanblau = Ultramarin
Dunkelblau + Purpur = Violett
Purpur + Rot = Karmin
Rot + Gelb = Orange

Abb. 93 bis 94: Guillermo Fresquet zeigt uns hier ein herrliches Beispiel für die Tatsache, daß man wirklich alle Naturfarben allein mit den drei Grundfarben wiedergeben kann – in diesem Fall mit Preußischblau, Krappkarmin und Gelb unter seltener Zuhilfenahme von Schwarz.

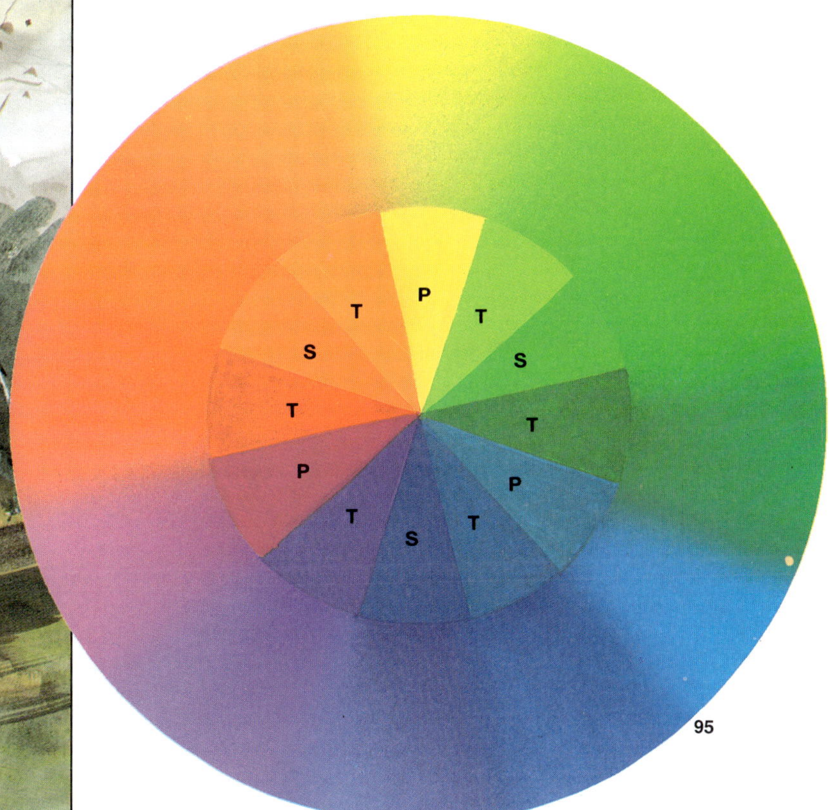

95

Erste praktische Übung

96

Guillermo Fresquet ist bei Ihnen und bei mir.

„Wenn du möchtest, können wir anfangen, Parramón."

„Einverstanden. Ich meine, man sollte zunächst einmal lernen, alle Farben und Töne ausschließlich aus den drei Grundfarben zu mischen."

„Und der Hilfe von Schwarz, nicht wahr?"

„Ja, natürlich. Während du malst, schaue ich zu, mache mir Notizen und werde Schritt für Schritt erklären, was du tust. In Ordnung?"

„In Ordnung."

Ich werde also folgendermaßen vorgehen: Fresquet malt ein Aquarell, und ich erkläre inzwischen, wie er es malt, und weise von Zeit zu Zeit auf irgendwelche Besonderheiten hin. Sie folgen meinen Erklärungen und setzen sie unmittelbar in die Praxis um. Das heißt, Sie malen das Bild ebenfalls und folgen dabei genau Fresquets Methode.

Nur mit drei Farben – und Schwarz
Fresquet arbeitet bei dieser ersten Übung nur mit den drei Grundfarben und gelegentlich Schwarz. In seinem Malkasten entsprechen diesen Grundfarben:

Ultramarin (oder Preußischblau, falls sich dies in Ihrem Malkasten befindet)
Karmin
Zitronengelb (oder Kadmiumgelb mittel)

Sind Sie soweit?
Bei der Durchführung dieser Übung halten Sie sich bitte an das Modell auf Seite 68/69. Dort finden Sie 36 Farben, die ausschließlich aus den drei Grundfarben plus Schwarz gemischt wurden. Zeichnen Sie zunächst mit einem ziemlich harten Bleistift *ganz fein* die Rahmen, in die Sie die Farben legen wollen. Beginnen Sie in der Ihnen bereits bekannten Technik den einfachen Abstufungen der ungemischten Grundfarben Zitronengelb, Karmin, Ultramarin und Schwarz, wie sie am linken Rand der Vorlage (S. 68) abgebildet sind.

Malen Sie anschließend die Farbmischungen, und halten Sie sich dabei an die angegebene Reihenfolge von links nach rechts. Damit die Übung gelingt, berücksichtigen Sie bitte folgende Ratschläge:

1. **Lesen Sie die Beschreibung jeder Farbe aufmerksam durch.**
2. **Mischen Sie die jeweilige Farbe in einem Fach Ihres Malkastens.**
3. **Machen Sie einen Probestrich auf Ihrem Extrablatt.**
4. **Malen Sie die endgültige Farbe.**

Malen Sie zunächst behutsam. Dann können Sie im Fall eines Irrtums die Farbe immer noch mit einer weiteren Schicht verstärken oder korrigieren.

Abb. 96: Guillermo Fresquet wird jetzt eine praktische Übung durchführen: Er mischt alle Töne und Farben ausschließlich mit den drei Grundfarben und Schwarz. Wir raten Ihnen, diese Übung ebenfalls durchzuführen, denn auf diese Weise erhalten Sie eine äußerst nützliche Praxis im Anlegen von Abstufungen und damit in der Aquarellmalerei. Bereiten Sie wie Fresquet alles vor, und folgen Sie den Anweisungen im Text.

Alle Farben aus den drei Grundfarben

Hier das Modell: 97
Halten Sie die Reihenfolge unbedingt ein:

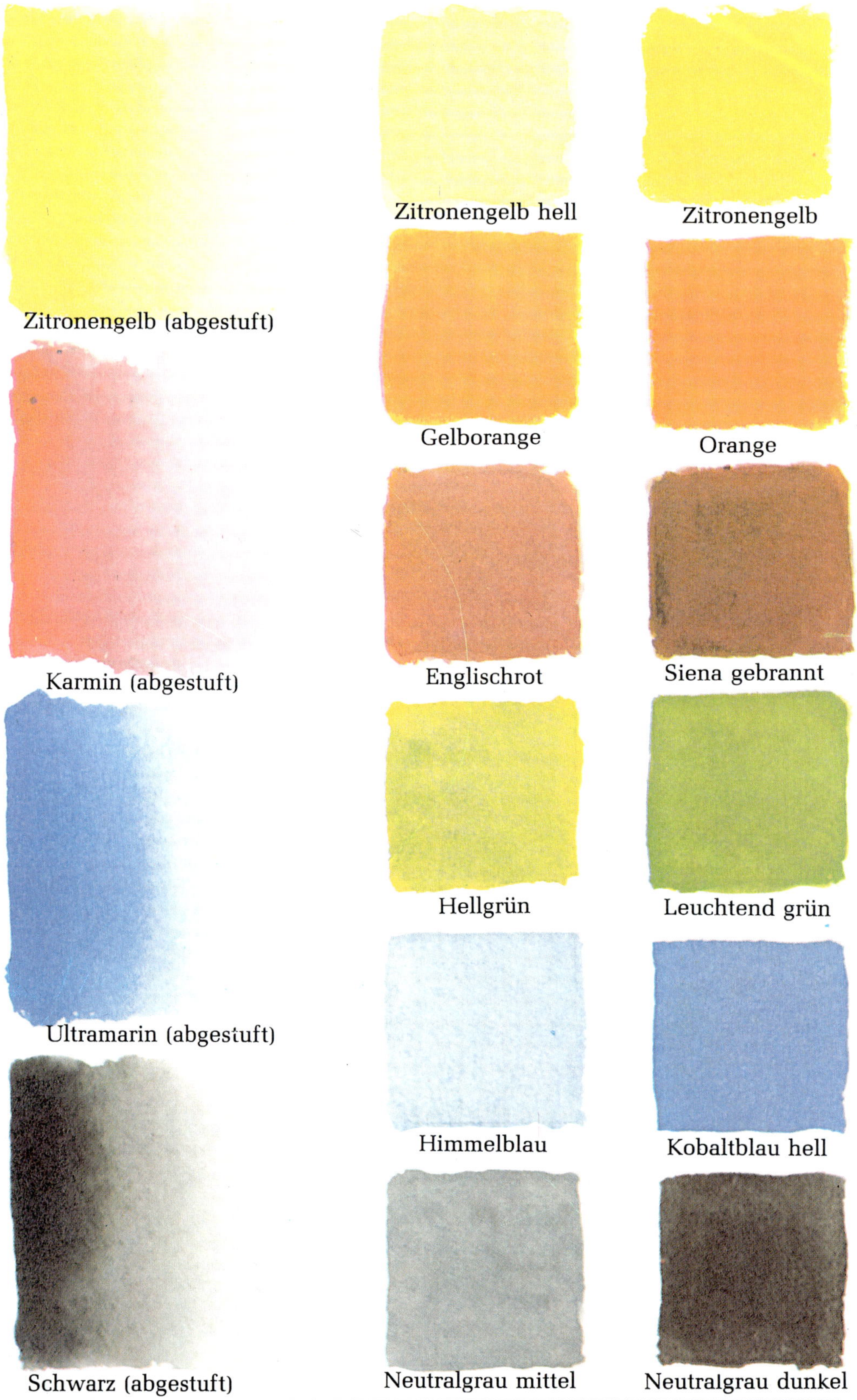

Abb. 97: Diese 36 Farbmuster hat Fresquet aus Mischungen der drei Grundfarben Zitronengelb, Karmin und Ultramarin plus Schwarz gemalt. Führen Sie diese wichtige Grundübung mit den Farbmustern nach Anweisung des Textes durch, damit Sie das Mischen und Komponieren der Farben gründlich erlernen.

Goldgelb
Lichter Ocker
Dunkler Ocker
Siena natur
Rosa
Zinnober
Karminrosa
Karmin
Umbra gebrannt
Braun
Warmgrau dunkel
Schwarz
Dunkelgrün
Khaki
Chromoxidgrün
Saftgrün
Ultramarin
Ultramarin dunkel
Karminviolett
Violett
Warmgrau mittel
Kaltgrau mittel
Kaltgrau dunkel
Schwarz

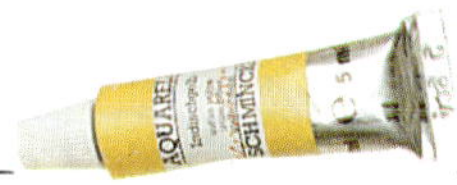

Alle Farben aus den drei Grundfarben

1. Zitronengelb hell
Nur Zitronengelb und Wasser.

2. Zitronengelb
Etwas dickere Farbe, damit das Gelb intensiver wird.

3. Goldgelb
Zunächst dasselbe intensive Gelb wie zuvor, anschließend eine sehr helle Lasur Karmin.

4. Lichter Ocker
Mischen Sie ein Goldgelb wie zuvor, und fügen Sie, solange es noch feucht ist, etwas Blau und Schwarz hinzu.

5. Dunkelocker
Wie zuvor, doch mit einem etwas größeren Anteil Karmin, Blau und Schwarz.

6. Siena natur
Mischen Sie zunächst ein Goldgelb, und fügen Sie in feuchtem Zustand eine Lasur Karmin und etwas Blau mit ausreichend Wasser hinzu.

7. Gelborange
Legen Sie auf noch feuchtes intensives, pastoses Gelb eine Schicht Karmin.

8. Orange
Wie zuvor, mit einem höheren Anteil Karmin.

9. Rosa
Mit Wasser verdünntes Karmin und eine Spur Gelb.

10. Zinnober
Viel pastoses Gelb mit nicht allzuviel Karmin.

11. Karminrosa
Stark mit Wasser verdünntes Karmin mit einer Spur Blau.

12. Karmin
Zunächst eine Lasur Blau, anschließend intensives Karmin.

13. Englischrot
Mischen Sie ein Orange, und legen Sie in feuchtem Zustand etwas Blau darüber, um es abzustumpfen.

14. Siena gebrannt
Intensives pastoses Gelb und Karmin. Fügen Sie in feuchtem Zustand Blau und Schwarz hinzu, von letzterem etwas mehr.

15. Umbra natur
Mischen Sie zunächst ein Dunkelocker, und machen Sie daraus ein Siena natur. Fügen Sie die drei Grundfarben und, falls erforderlich, Schwarz hinzu.

16. Braun
Mit denselben Farben wie zuvor, aber nicht so dicht.

17. Warmgrau dunkel
Diese Farbe entsteht aus der Mischung der drei Grundfarben zu gleichen Teilen sowie einer Schicht Goldgelb dunkel auf der getrockneten Fläche.

18. Schwarz
Die Farbe, wie sie ist, aber ziemlich dicht, damit sie gut deckt.

19. Hellgrün
Intensives Gelb und eine Spur Blau.

20. Leuchtend grün
Wie zuvor, aber mit mehr Blau.

21. Dunkelgrün
Wie zuvor, aber mit mehr Blau und etwas Schwarz.

22. Khaki
Mischen Sie zunächst ein Hellgrün. Legen Sie etwas Karmin und Gelb auf die noch feuchte Fläche. Eventuell zusätzlich eine Spur Schwarz.

23. Chromoxidgrün
Nur Gelb und viel Blau.

24. Saftgrün
Intensives, pastoses Gelb und eine winzige Spur Schwarz ergeben ein schmutziges Olivgrün. Legen Sie ein wenig Blau auf die noch feuchte Fläche.

25. Himmelblau
Verdünnen Sie Blau mit viel Wasser, und legen Sie eine winzige Spur Gelb auf die noch feuchte Fläche.

26. Kobaltblau hell
Intensives, aber nicht zu pastoses Blau mit einer Spur Gelb.

27. Ultramarin
Ausschließlich nicht zu dichtes Blau.

28. Ultramarin dunkel
Dichtes pastoses Blau mit etwas Karmin und Schwarz.

29. Karminviolett
Blau mit Karmin als Dominante.

30. Violett
Eine Lasur aus Blau und Karmin.

31. Neutralgrau mittel
Aquarellweiß und Schwarz, beides stark verdünnt, damit das Weiß des Papiers durchscheint.

32. Neutralgrau dunkel
Wie zuvor, aber mit einem größeren Anteil Schwarz.

33. Warmgrau mittel
Aquarellweiß und Schwarz ergeben ein Mittelgrau, dem man eine Spur Gelb und Karmin zufügt.

34. Kaltgrau mittel
Mischen Sie wie zuvor ein neutrales Grau, und fügen Sie etwas Blau auf die noch feuchte Fläche.

35. Kaltgrau dunkel
Wie zuvor, doch mit einem höheren Anteil Schwarz und Blau.

36. Schwarz
Wie es aus der Tube kommt, und zwar ziemlich dicht, damit es gut deckt.

Fresquet malt einen Apfel

100

101

102

103

104

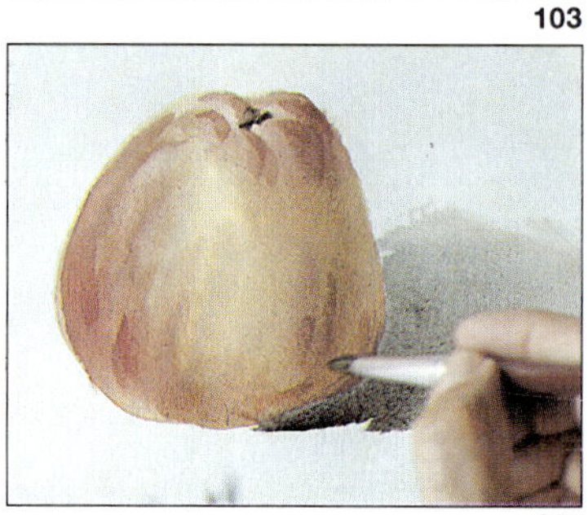
105

Fresquet wird jetzt allein mit den drei Grundfarben plus Schwarz einen Apfel malen. Abbildung 106 unten auf dieser Seite zeigt sein Modell. Fresquet skizziert zunächst mit einem Bleistift HB die Kugel für den Apfel, und zwar linear ohne Schatten. Anschließend feuchtet er die Fläche mit einem Flachpinsel und sauberem Wasser an und beginnt zu malen. Die nebenstehenden Fotos, die während des Malens aufgenommen wurden, zeigen die einzelnen Schritte.

Fresquet legt zunächst ein ziemlich schmutziges Gelb auf die feuchte Fläche, reinigt den Pinsel unmittelbar darauf mit einem Lappen und saugt die Farbe auf der linken Seite wieder ab.

„Benutzt du kein Saugpapier, um das Wasser und die Farbe aus dem Pinsel zu entfernen?“ frage ich ihn.

„Nein. Ich habe mir angewöhnt, dafür einen alten Lappen zu verwenden“, erklärt er und fügt hinzu: „Es ist richtig, daß es auch mit Saugpapier geht. Aber ich reinige und trockne die Pinsel immer mit einem alten Stück Stoff.“

Auf das noch feuchte Gelb malt Fresquet jetzt links einige Tupfer Karmin

106

107

und eine winzige Spur Blau, die mit dem Gelb verschmelzen und ein dunkles Siena ergeben, mit dem Fresquet die Schattenfarben des Apfels anlegt.
Fresquet verstärkt das Karmin und malt mit Hilfe von senkrechten Pinselstrichen die roten Flecken des Apfels. Anschließend komponiert er aus Blau und Gelb ein Grün, dessen Leuchtkraft er mit einer Spur Karmin und einer noch geringeren Menge Schwarz abstumpft und mit Wasser verdünnt. So erhält er einen dunklen, graustichigen Ocker, mit dem er die Schattenpartien auf der rechten Seite quasi abschließt. Die Abbildungen 108 und 109 unten auf dieser Seite zeigen das vorletzte und letzte Stadium mit dieser Farbe.
Fresquet malt mit einem Flachpinsel Nr. 10 (gut 1 cm breit) aus Rotmarderhaar, den er je nach den Erfordernissen des Modells mal mit seiner Breitseite, mal mit der Kante auflegt. Gleichzeitig hält er einen weiteren Flachpinsel mit praktisch trockenem Haarkörper in der Linken. Zu ihm greift er gelegentlich, nachdem er Farbe aufgetragen hat, fährt damit mehrmals über die noch feuchte Fläche und läßt sie mit dem Untergrund verfließen und verschmelzen. Mit einigen weichen, zart aufgetragenen Tupfern auf die immer noch feuchte Fläche erreicht er jene herrlichen Farbformen, die Sie auf dem fertigen Bild des Apfels erkennen.
Die ovale Form des Wurfschattens feuchtet Fresquet zunächst an und malt anschließend mit den drei Grundfarben plus Schwarz jenes nahe dem Apfel dunkle und an den Begrenzungen hellere Grau, das durch Absaugen der Farbe und zusätzliches Wasser entsteht.
Bevor er sein Werk signiert, saugt Fresquet nochmals Farbe am rechten Rand des Apfels neben der dunkelsten Stelle des Schattens ab, um das reflektierende Licht, das am Modell zu erkennen ist, darzustellen.
Selbstverständlich ist es immer ein Erlebnis, Fresquet beim Malen zuzuschauen. Ich hoffe, das geht aus der *schrittweisen Darstellung* der Entstehung des Bildes von diesem Apfel hervor.

Abb. 100 bis 109: Mit dem Modell vor Augen (Abb. 106) zeichnet Fresquet die Umrisse des Apfels und feuchtet die Kreisfläche mit sauberem Wasser an (Abb. 100). Er füllt den Pinsel mit Gelb, malt die Form naß in naß und saugt auf der beleuchteten Seite wieder Farbe ab (Abb. 101). Er mischt einen Lichter Ocker und zeichnet und malt unter Hinzunahme von Karmin weiterhin naß in naß die Farben des Apfels. Er läßt die Farben verfließen und reibt sie mit einem ausgedrückten Flachpinsel etwas wieder ab (Abb. 102 und 103). Er läßt den Apfel für eine Weile beiseite, feuchtet nun die Fläche für den Wurfschatten an (Abb. 104) und trägt ein warmes Dunkelgrau auf. Zum Abschluß hellt er den Apfel für das reflektierende Licht im Schatten auf (Abb. 105). Unten auf dieser Seite sehen Sie die einzelnen Schritte der Herstellung des Aquarells durch Fresquet.

108

109

Guillermo Fresquet wird jetzt vier Aquarelle malen, ein Stilleben und drei Landschaften, und darin alles bisher Erlernte zusammenfassen. Das Stilleben stellt er wiederum nur mit den drei Grundfarben plus Schwarz her. Anschließend wollen wir einige Betrachtungen über die Auswahl und die Untersuchung eines Themas und die Kompositionsregeln anstellen und schließlich unser Wissen bei der schrittweisen Anfertigung zweier Landschaftsbilder im Freien – eines in der normalen, geläufigen Aquarelltechnik und eines in der Naß-in-Naß-Technik – in die Praxis umsetzen. Als letzte endgültige Übung wird Fresquet mit Ihnen das Aquarell *Der Hafen von Barcelona* malen und den Ablauf so ausführlich beschreiben, daß Sie es selbst als praktische Abschlußübung Schritt für Schritt mitmalen können.

110

Die Praxis der Aquarellmalerei

Fresquet malt ein Stilleben

Fresquet malt weiterhin nur mit den drei Grundfarben plus Schwarz. Das Thema hat er selbst gewählt. Auf das äußerste Ende des Tisches vor der Wand legt er ein Tischtuch. Darauf verteilt er einen Apfel, zwei Bananen, eine grüne Keramikvase und eine Zitrone.

Erstes Stadium (Abb. 114)
Fresquet zeichnet mit raschen Strichen die Einrahmung des Modells. Zunächst plaziert er die Keramikvase, die Bananen, den Apfel und die Zitrone und deutet anschließend mit wenigen Strichen die Formen des Tischtuchs an (Abb. 113). Dann beginnt er zu malen Er feuchtet das Papier, wie zuvor, mit sauberem Wasser an, wartet nicht ab, bis es getrocknet ist, sondern malt sofort los.

Hier die Farben und ihre Reihenfolge:
Hintergrund, beginnend von links: ein abgestumpfter Ocker, der sich aus Gelb, Karmin und Schwarz mit viel Wasser zusammensetzt.
Hintergrund rechts: Ohne den Pinsel zu waschen, nimmt Fresquet Blau und Schwarz – und etwas Wasser, um die Farbe aufzuhellen. Er macht einen Probestrich und malt.
Vase: Eine hellgrüne Schicht (Gelb und Blau), bei der die Spitzlichter ausgespart sind. Anschließend eine weitere Schicht dunkleres, dichteres Grün.
Tischtuch: Blauschwarz aus den vorigen Mischungen.
Apfel: Ohne den Pinsel zu reinigen, nimmt Fresquet Gelb, mischt es auf der Palette mit dem vorigen Grau und malt den Apfel. Dabei spart er die Spitzlichter aus. Anschließend greift er noch einmal zum Gelb und legt eine weitere Schicht darüber. Beide Farbschichten verfließen aufgrund der Feuchtigkeit.

111

Abb. 111: Fresquet in seinem 4 × 4 m großen Atelier, das für einen Kunstmaler typisch ist. Es enthält einen Zeichentisch am Fenster, Dutzende von Zeichnungen, Bilder und Skizzen sowie Farbtuben, Pinsel, Wassergefäße etc. in einer perfekt geordneten Unordnung, die von der fiebrigen Aktivität des Malers zeugt.

112

113

Zitrone: Hierfür reinigt Fresquet den Pinsel. Dann nimmt er Gelb und Wasser, legt eine erste Lasur an und spart das Weiß dabei aus.
Bananen: Eine erste rasche Schicht desselben Gelb.
Apfel (die vorige Schicht ist noch feucht): Noch einmal die schmutzige Graumischung von der Palette. Fresquet nimmt Karmin – etwas Blau – und erneut etwas Karmin und Wasser und malt die dunkelsten Stellen.
Tischtuch im Vordergrund: Fresquet mischt dieses grünliche Grau mit dem Rest der Graumischung, einer Spur Gelb und Blau. Er malt mit ausreichend Wasser.

Zitrone: Er beschäftigt sich erneut mit der Zitrone und gibt ihr mit Lichter Ocker mehr Volumen. Die Fläche ist noch nicht völlig trocken, deshalb verschmelzen die Farben und gleichen sich an. Trotzdem muß Fresquet die leuchtende Stelle in der Mitte abstumpfen. Er tut es, indem er den Pinsel mit einem Tuch trocknet und Farbe absaugt.
Bananen (noch feucht): Fresquet benutzt das Grüngrau für den Tisch im Vordergrund und verleiht den Bananen mit Hilfe einiger Striche mehr Form, ohne sie konkret zu begrenzen.

Abb. 112: Fresquet malt an zahlreichen Stellen des Stillebens in der Naßtechnik. Hier sehen wir, wie er die Farbe und die Form der Zitrone löst.

Abb. 113 und 114: Auf diesen beiden Abbildungen sehen Sie die lineare Zeichnung, mit der Fresquet das Stillleben beginnt, und die Arbeit nach Abschluß des ersten Stadiums (unten).

114

Fresquet malt ein Stilleben

Abb. 115: Während der Abschlußphase arbeitet Fresquet gemächlich und berechnet jeden einzelnen Pinselstrich. Er arbeitet ständig von wenig nach mehr und bemüht sich um eine gute Ausarbeitung.

Zweites Stadium (Abb. 115)

Wir wollen nicht jeden Schritt einzeln erklären, denn aus Abbildung 115 geht deutlich hervor, daß Fresquet mit denselben Farben wie zuvor arbeitet, diese nur erheblich intensiviert.

Er bearbeitet den Hintergrund erneut mit einer Lasur aus hellem Siena und legt, während die Fläche noch feucht ist, bläuliche und karminstichige Nuancen darüber.

Die Schichten werden durch Naß-in-Naß-Überlagerung verstärkt (die kaum noch wahrnehmbare Feuchtigkeit läßt die Konturen verfließen und harmonisiert sie). Dabei spart er das Tischtuch und die Bananen aus und behandelt sie anschließend mit trockenen, lebhaften Pinselstrichen. Auf die Vase legt er neue dunkelgrüne Lasuren aus Blau, Gelb und Schwarz. Die konkrete Form des Apfels zeichnet sich aufgrund der besonderen Karminflecken bereits ab.

115

Drittes und letztes Stadium (Abb. 117) Fresquet hat für dieses wunderbare Aquarell insgesamt zwei Stunden benötigt (genauer gesagt, eine Stunde und fünfzig Minuten). Untersuchen Sie genau, wo er in der Naß- und wo in der Trockentechnik gearbeitet hat und wo er mit dem ausgedrückten Pinsel Farbe wieder absaugen mußte (Umrisse des Apfels oben und links).

Betrachten Sie in aller Ruhe die grüne Farbgebung der Vase, die durch Überlagerung unter Aussparung der Spitzlichter und Reflexe erzielt wurde. Halten Sie sich ausschließlich daran, was Ihnen das Modell „sagt". Nur so gelingt Ihnen eine künstlerische Wiedergabe der Wirklichkeit.

Denken Sie immer daran, daß sich in allen Schatten auch Blau befindet (manchmal auch etwas Schwarz). Blau benötigt man ebenfalls zum Abschatten, und es ist in allen schmutzigen Tönen enthalten . . .

Abb. 116 und 117: Hier das hervorragende Ergebnis des Stillebens von Guillermo Fresquet. Er hat das Aquarell mal in der Naßtechnik und mal – zum Beispiel den oberen Umriß des Apfels – in der Trockentechnik gemalt (Abb. 116).

116

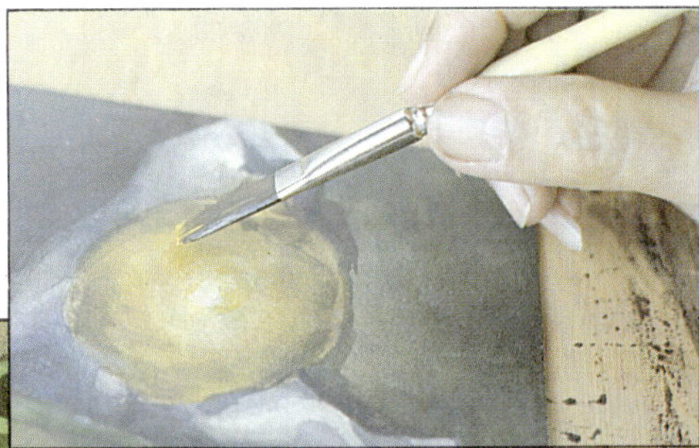

117

Auswahl und Studium des Modells

1. Analysieren Sie die Werke großer Meister, um sich deren Erfahrung zu eigen zu machen.
Besuchen Sie Ausstellungen oder, falls Sie keine Gelegenheit dazu haben, stellen Sie sich eine kleine Kunstbibliothek zusammen. Betrachten Sie die Reproduktionen eingehend, und fertigen Sie kleinformatige Schemata davon an, damit Sie größere Sicherheit in der Komposition und Auswahl eigener Motive erhalten.

2. Besuchen Sie Orte, die häufig von Künstlern aufgesucht werden.
Sie wissen, daß manche Dörfer gern von Kunstmalern aufgesucht werden und manches Stadtviertel immer wieder von Kunstmalern oder Freizeitmalern dargestellt wird. Malt man, was andere bereits vor einem dargestellt haben, entwickelt sich nach und nach die Fähigkeit, eigene Flecken und eigene Motive zu finden.

3. Studieren Sie vorab den Aufbau, und fertigen Sie vor dem Malen Ihres Bildes einige kleine Skizzen an.
Bevor man sich für den Ausschnitt, den Standpunkt, die Beleuchtung und die geeignetsten Kontraste entscheidet, sollte man zwei oder drei Skizzen anfertigen. Das tun nicht nur Freizeitmaler, sondern auch Kunstmaler wie Fresquet und ich.

118

119

Grundregeln für die Kunst der Komposition

Wir müssen uns noch mit einigen klassischen Grundregeln der Komposition einer Landschaft befassen, auch wenn uns klar ist, daß die Kunst der Komposition nicht aus Regeln und logischen Überlegungen besteht, sondern der Intuition entspringt, die man allerdings kultivieren und weiterentwickeln kann.

Wichtig ist, alle Möglichkeiten in Betracht zu ziehen, die einem das Thema bietet. Man sollte es also aus allen Blickwinkeln prüfen, die Lage der einzelnen Formen zueinander vergleichen und auch die Farben berücksichtigen. Richtung, Stärke und Qualität des Lichtes sind ebenfalls von Bedeutung. Der geeignete Ausschnitt läßt sich gut mit Hilfe eines schwarzen Papprahmens mit einer Öffnung von 10 × 15 cm ermitteln (Abb. 120).

Abb. 118 bis 120: Das Modell kann seinen Platz nicht verändern, aber Sie können es. Prüfen Sie alle Möglichkeiten dafür. Betrachten Sie das Motiv von oben und unten, von rechts und links, von fern und nah, und vergrößern oder verkleinern Sie den Ausschnitt. Für diese Untersuchung verwenden zahlreiche Künstler einen aus zwei Winkeln bestehenden schwarzen Papprahmen, den wir hier abgebildet haben.

120

Fünf Ratschläge für die Kunst der Komposition

• Halten Sie sich an das klassische Schema einer Landschaftskomposition. Wählen Sie also ein Thema *mit einem Vordergrund und zwei oder mehr, sich überlagernden Ebenen,* die für Tiefe sorgen.

• Die dritte Dimension kann auch durch den Kontrast des Vordergrunds zu den diffuseren zurückliegenden Ebenen wiedergegeben werden.

• Die Färbung und Zeichnung des Himmels kann für die Harmonie einer Komposition von entscheidender Bedeutung sein. Das trifft insbesondere auf das Aquarell zu, bei dem der Himmel häufig ein dekoratives Element mit großartiger Technik darstellt.

• Vergessen Sie schließlich nicht, daß die Perspektive ein vereinheitlichendes Element innerhalb der Vielfalt einer Landschaft bilden kann.

Fehlt noch etwas?

Ja, die Beleuchtung des Themas.

• Falls Sie nicht gerade eine Landschaft bei bewölktem Himmel malen wollen, rate ich Ihnen, vor- und nachmittags zu arbeiten und nicht in den Mittagsstunden, während die Sonnenstrahlen beinahe senkrecht auf das Modell fallen. Dadurch ergeben sich praktisch keine Schatten, oder sie stören erheblich.

121

Abb. 121: Führt man einen in Form und Farbe klar erkennbaren Vordergrund in ein Bild ein, erhält man mit Sicherheit eine gelungene künstlerische Komposition.

122

Abb. 122: Beachten Sie, daß dieser Vordergrund manchmal eine bühnenhafte Wirkung erzeugt und daher für Tiefe und nebenbei auch für eine kompositorische Einheit sorgt.

123

Abb. 123: Große Himmel mit einem niedrigen Horizont ergeben immer ein äußerst wirkungsvolles Motiv.

124

Abb. 124: Beziehen Sie auch die Perspektive als eine kompositorische Möglichkeit ein. Sie betonen damit gleichzeitig die dritte Dimension, also das Gefühl von Tiefe.

125

Abb. 125: Malen Sie nicht um 12 Uhr mittags, wenn die Sonne im Zenit steht. Zu dieser Uhrzeit werfen die Körper kaum Schatten, oder sie sind ästhetisch kaum ergiebig.

Umwelt und Themen

Die englischen Aquarellmaler reisten bekanntlich nach Italien, weil sie dort mit Sicherheit zahlreiche Motive zum Malen fanden. Aus diesem Grunde war Turner in Venedig und Delacroix in Nordafrika.

Fresquet war kürzlich in Marokko.

„Das ist eine andere, erstaunliche Welt", erklärt er richtig leidenschaftlich. „Eine Welt voller Formen und Farben mit unzähligen Themen und Motiven zum Malen und Zeichnen. In der Umgebung der Städte bietet die Landschaft herrliche Kontraste von Licht und Schatten, die von einem leuchtend kobaltblauen Himmel, blauen, ja violetten Schatten und vor allem von der bunten Schar der Männer und Frauen noch verstärkt werden. Es ist fantastisch!" Die Erfahrungen eines Turner, Delacroix oder Fresquet könnten Sie ebenfalls zu einer Reise veranlassen. Das ist gar nicht nötig. Dieser Ort kann auch aus Ihrer Stadt oder wenige Kilometer von Ihrem Wohnort entfernt aus einem alten Dorf oder einer Stelle nahe einem Fluß bestehen.

126

127

Abb. 126 bis 130: Guillermo Fresquet reiste kürzlich nach Marokko und folgte damit vielleicht intuitiv dem Beispiel zahlreicher anderer Künstler. „Ich bin mit Dutzenden von Themen zum Malen zurückgekommen", sagt Fresquet. Er hat in der Tat unzählige Skizzen, Entwürfe, Feder-, Rohrfeder- und Kugelschreiberzeichnungen sowie herrliche Aquarelle mitgebracht.

128

129

130

Vorskizze für ein Bildthema

Abb. 131: Guillermo Fresquet fertigt zunächst mit Bleistift eine Vorskizze seines Modells an. Obwohl er aufgrund seiner Erfahrung die Qualität der Beleuchtung und der Formen auf den ersten Blick erkennt, zeichnet er stets eine kleine Skizze, um sich den Eindruck von seiner Komposition selbst zu bestätigen.

Es ist gut möglich, daß ein Fachmann wie Guillermo Fresquet auf den ersten Blick erkennt, ob es sich angesichts eines Themas oder eines Motivs, das er vor Augen hat, lohnt, die Leinwand (oder in unserem Fall das Papier) hervorzuholen; ob das Licht hier und heute am günstigsten ist, um die Werte des Modells wiederzugeben; kurz gesagt, ob die Formen, die Verteilung der Elemente, die Farben und die Kontraste der verschiedenen Ebenen ein gutes Bild ergeben. Doch Fresquet erklärt, daß ein Kunstmaler trotz allem den ersten visuellen Eindruck gern mit einer einfachen Bleistiftskizze festhält und vervollkommnet.

„Mich interessieren an dieser Vorskizze vor allem der richtige Ausschnitt und die Wirkung von Licht und Schatten im Verhältnis zur Gesamtkomposition."

Die Abbildungen 132 und 133 zeigen zwei Skizzen, die Fresquet als Vorstudien mit Bleistift in einem verkleinerten Format angefertigt hat, um die vorgesehene Komposition rascher beurteilen zu können. Beachten Sie die Ausführung der Skizzen. Sie bestehen vor allem aus Schattierungen und weniger aus Linien, da der Künstler alle Möglichkeiten des Themas ausschöpfen wollte.

Wir sind mit Fresquet in einem Dorf in der Provinz Tarragona nahe einer engen Straße, die in den Ort hineinführt. Wie anhand der Skizzen und des Fotos zu erkennen, reihen sich Häuser zu beiden Seiten der Straße. Sie bilden den Mittelgrund und sind durch das Gelände und das Grün und Braun einiger Bäume und Büsche von uns getrennt. Es ist ein schöner Frühlingstag morgens um halb elf. Die Sonne scheint auf die Landschaft herunter und erzeugt starke Kontraste im Spiel von Licht und Schatten. Wenn wir die Augen zusammenkneifen, haben wir den Eindruck, daß nur zwei Farben vorherrschen: ein helles Gelb an den sonnenbeschienenen Stellen und ein bläuliches Siena in den Schattenzonen. Alle Körper wirken außerordentlich plastisch. Doch zunächst möchte Fresquet etwas sagen:

„Ja. Ich glaube, daß sich dieses Thema besonders für ein Aquarell in einer Technik eignet, die man im Gegensatz zur Naß-in-Naß-Technik als Trockentechnik bezeichnet, obwohl sie schon immer für die Aquarellmalerei verwendet wurde."

131

132

133

Abb. 132 und 133: Hier die beiden Skizzen, die Fresquet vor Inangriffnahme des Aquarells anfertigte, das wir Ihnen auf den folgenden Seiten zeigen.

Fresquet malt eine Landschaft

Fresquet feuchtet zunächst das Zeichenpapier an. Wir erinnern uns, daß das Papier beim Malen mit Aquarellfarben immer zuvor angefeuchtet werden muß, um eventuelle Fettspuren zu entfernen, spätere Brüche zu vermeiden und zu verhindern, daß sich das Papier aufgrund einer sehr flüssigen Farbe-Wasser-Mischung wellt.
Fresquet wartet, bis das Papier völlig getrocknet ist, und fertigt anschließend eine rasche Bleistiftskizze an: ein einfacher, völlig linearer Aufbau ohne Schatten, Grautöne oder gar Schwarz. Während er die Formen umreißt und die Umrisse zeichnet, kommt ein Bauer mit seinem Esel des Weges. Fresquet beobachtet die beiden eine Weile, dann zeichnet er Mensch und Tier praktisch aus dem Gedächtnis.
„Weshalb denn das?"
„Ja, das muß ich wohl erklären. Wann immer es logisch möglich ist, sollte man ein oder zwei Gestalten in sein Bild aufnehmen. Sie fügen nicht nur eine Farbnuance hinzu – später werde ich den Eselstreiber in einem Rotton und eine weitere Gestalt im Hintergrund in Blau malen –, sie lassen das Werk auch lebendiger und wirklichkeitsnaher erscheinen."

Jedes Aquarell beginnt mit dem Himmel

„Gibt es dafür einen besonderen Grund?" werden Sie fragen.
„O ja, mehrere", antwortet Fresquet. „Der wichtigste ist, daß einem beim Aquarell der Himmel über einer Landschaft auf Anhieb gelingen muß und man später nicht mehr darauf zurückkommen darf."
Eine Landschaft kann aus Bergen, Häusern, Bäumen etc. auf unterschiedlichen Ebenen bestehen, die jeweils ganz bestimmte Farben und Licht- und Schattenwirkungen auf klar begrenzten Flächen aufweisen. Es versteht sich daher von selbst, daß diese Formen abschnittweise durch Überlagerung und Nebeneinanderstellung von Farben wiedergegeben werden können und müssen. Der Himmel weist diese Formenvielfalt jedoch nicht auf. Der Himmel ist ein Ganzes. Selbst mit dem Weiß und Grau der Wolken ist er noch eine Einheit mit Blau als Dominante – ein gewaltiges Blau, das nicht aus kleinen Pinselstrichen oder durch Überlagerung von Farben entsteht.
Es ist nicht ganz einfach, unter diesen Voraussetzungen einen weiten Himmel anzulegen. Besser gesagt, dazu benötigt man einiges handwerkliches Wissen: Der Maler muß Wasser und Farbe so handhaben, daß keine Brüche entstehen und – was noch schwieriger ist – über genügend Mut und Erfahrung verfügen, um den richtigen Farbton zu treffen. Das ist nicht ganz leicht, denn das übrige Papier ist zu diesem Zeitpunkt ja noch völlig weiß.
„Nun ja", erklärt Fresquet, „so schlimm ist es gar nicht. Der Himmel eines Aquarells muß in einem Zug gemalt werden und ist daher rasch erledigt. Er soll ja sauber, frisch und spontan wirken, und dazu reichen wenige Minuten. Gelingt er einem nicht, beginnt man eben noch einmal von vorn."

Erstes Stadium: Abb. 134

Fresquet mischt auf seiner Palette ein neutrales, leicht graustichiges Blau aus Ultramarin, Kobaltblau und einer Spur Siena.
Außerdem bereitet er ein Grau aus Ultramarin und Siena vor . . . Und noch ein Grau mit einer Spur Karmin. Dann beginnt er zu malen.
Das Papier ist vollkommen trocken.
Fresquet taucht den Pinsel ins Wasser, nimmt ein wenig Blau auf und malt den oberen linken Abschnitt des Himmels. Das Blau ist ziemlich hell und enthält nicht viel Wasser. Unmittelbar darauf legt er eine Schicht Grau darunter. Beide Farben verfließen.
Der Maler trocknet den Pinsel mit einem Tuch, drückt ihn auf den unteren Rand des Grau, saugt dort Farbe ab und hellt es auf. Gleichzeitig legt er mit sicheren Pinselstrichen die Umrisse der Dächer an.

134

Das obere Eingangsblau besitzt immer noch ganz wenig Feuchtigkeit, es ist noch nicht restlos getrocknet. Fresquet nimmt etwas Wasser und ein dunkleres Blau und legt es darüber. Das Dunkelblau verläuft und weitet sich zu einem Fleck aus.

Zusammenfassend läßt sich sagen, daß Fresquet seine Farbe zu Beginn auf das trockene Papier trägt, später jedoch, während die Schicht noch feucht ist, eine weitere Farbe danebenlegt, so daß beide aufgrund der Feuchtigkeit an den Rändern verschmelzen.

Abb. 134: Um das Weiß des Papiers sobald wie möglich abzudecken und dadurch eine bessere Harmonisierung zu ermöglichen, beginnt Fresquet wie zahlreiche andere Künstler stets mit dem Himmel.

Fresquet malt eine Landschaft

Zweites Stadium (Abb. 135)
Betrachten Sie aufmerksam Abbildung 135, denn darauf erkennen Sie deutlich das wesentliche Merkmal der Technik, die wir hier erlernen wollen: Nachdem der Künstler den Himmel beendet hat, befaßt er sich zunächst mit den dunkelsten Farben seines Modells und läßt die mittleren und die hellen Töne vorläufig beiseite.
Die Wirkung ist richtig dramatisch, nicht wahr? Und es malt sich recht bequem, weil man die Formen zeichnen, ausmalen und ihnen Volumen geben kann und diesmal die Möglichkeit hat, mit einer weiteren Schicht noch etwas zu verstärken oder zu nuancieren, falls es sich als notwendig erweist. Eine Technik wie diese führt zu einem kontrastreichen, kraftvollen Bild. Daraus folgt eine weitere Feststellung:

Die Trockentechnik eignet sich insbesondere für alle Themen und Modelle, die aus sich heraus kontrastreich sind. Ein klassisches Motiv dafür ist die Landschaft im hellen Sonnenlicht.

Beachten Sie, mit welcher Sorgfalt Fresquet die Flächen für die mittleren und helleren Farben ausgespart hat: zum Beispiel die kleine Gestalt im Hintergrund, die Schornsteine der Häuser etc.
Zu der Arbeit des zweiten Stadiums gehört auch die Anlage der Dächer, von denen jedes eine eigene Farbgebung erhält. Fresquet malt sie also nicht wie leider manche unerfahrene Hobbymaler in Serie, sondern gibt das Muster der Dächer mit hellen Linien und Strichen wieder, die er mit der Spitze eines derzeit nicht benötigten Pinselstiels zeichnet. Dieses Verfahren haben wir bereits erklärt.

Drittes und letztes Stadium
(Abbildung 136, Seite 92)
An diesem Punkt angekommen, malt Fresquet zunächst die Lasuren für die großen hellen Flächen, die den am stärksten beleuchteten Zonen entsprechen: Dazu gehören die helle Farbe der Landstraße, das cremige Gelb für die meist beleuchteten Häuser etc. Fresquet legt diese Flächen mit großen Pinselstrichen an, ohne sich allzusehr darum zu kümmern, ob er über den Rand hinausgerät. Stellen, die anschließend noch eine dunklere Farbe erhalten müssen (zum Beispiel die Mauern und der Boden auf der linken Seite, wo später zwei oder drei Bäume stehen werden), malt er völlig mit der hellen Farbe aus.
Sie können selbst feststellen, wie sehr sich Fresquet bei diesen Farben – wie überhaupt – um eine große Nuancierung der Töne bemüht, die das Bild außerordentlich bereichert. Analysieren Sie einmal die Farbe der sonnenbeschienenen Mauern. Dann erkennen Sie, daß manche einen Gelbstich, andere einen rötlichen Stich besitzen. Sie stellen ferner fest, daß sich in jeder Ebene ganz leichte, aber unübersehbare Farbunterschiede befinden, die das Bild beleben und seine künstlerische Qualität ausmachen. Beachten Sie zum Beispiel die feinen Nuancen in der lebhaften Farbe für die Landstraße.
Fresquet arbeitet jetzt mit mittleren Tönen wie das Siena der Front des rechten Hauses. In diesem Fall legt er die Farben auf die noch feuchte vorherige Schicht. Dasselbe Verfahren wendet er für die Bäume im Vordergrund links an. Er stellt sie in der Naßtechnik her, trägt zunächst ein helles Grün auf und gibt anschließend, während es noch feucht ist, das dunklere Grün der schattigen Teile darüber.

135

Abb. 135: Corot riet seinen Schülern unzählige Male: „Zuerst die Schatten. Beginnen Sie jedes Bild mit dem Spiel von Licht und Schatten." Fresquet hält sich hier an diese allgemeine Regel und berücksichtigt dabei die Beleuchtung und die Kontraste seines Motivs.

Fresquet malt eine Landschaft

Anschließend malt er mit dicken, spontanen Strichen die Gestalten, die Türen und die Fenster sowie die waagerechten Schatten im Vordergrund.
Während der Abschlußarbeiten werden gewisse Farbwerte noch ausgeglichen und manche Töne verstärkt oder an anderer Stelle abgesaugt und gedämpft.
Schließlich sehen wir noch, wie Fresquet mit dem Pinselstiel kleine weiße Linien in das Gras im Vordergrund legt und mit dem Fingernagel die breiten gelben Striche am rechten Straßenrand erhält.
Beachten Sie auch die beiden kleinen hellen, senkrechten Striche der Häuser im Schatten, die die Fenster andeuten.

Abb. 136: Hier das fertige Bild, das Guillermo Fresquet extra für dieses Buch malte. Das Original ist etwas größer als die Reproduktion (genau 25 × 32 cm).

136

Fresquet malt ein Aquarell in der Naßtechnik

137

Fresquet hat mich heute mittag angerufen. „Parramón! Es hat aufgehört zu regnen, und die Sonne bricht durch die Wolken. Hast du Lust, mit hinauszukommen?“
Und da sind wir nun. Fresquet erzählt mir, daß er diese Landschaft an einem Nachmittag wie diesem entdeckt hat, als er mit seinem Wagen hier entlangfuhr. „Damals war das Licht sogar noch besser. Im Hintergrund war es richtig golden.“
Fangen wir also an. Zunächst feuchtet Fresquet das Papier an, um Fettrückstände zu entfernen. Anschließend wird das Motiv mit wenigen Strichen skizziert, die gerade ausreichen, um die Lage der Elemente anzudeuten. (Sie sollten einmal sehen, wie sicher Fresquet zeichnet!) In diesem Fall braucht er keine Vorstudie. Fresquet hat die Einrahmung, die Kontraste, die Farbgebung, die Komposition und sogar das Licht genau im Kopf.
Der erste unabdingbare Schritt bei der Naß-in-Naß-Technik:

Anfeuchten des Papiers, um auf feuchter Fläche arbeiten zu können (Abbildung 137)
„Das Papier sollte jedoch nicht zu naß werden“, erklärt Fresquet. „Hält man es waagerecht vor eine Lichtquelle, darf kein Wasser darauf glitzern.“
Fresquet feuchtet das Papier also mit sauberem Wasser an. Dabei achtet er sorgfältig darauf, daß die weißen Stellen für die Baumstämme und der unte-

Abb. 137: Auch diesmal beginnt Fresquet mit dem Himmel. In diesem Fall hat er die entsprechende Fläche zuvor angefeuchtet, denn er will in der Naßtechnik arbeiten und die Farben verschmelzen, absaugen und verstärken, und zwar grundsätzlich naß-in-naß.

138

re Bereich für den Vorder- und Mittelgrund ausgespart bleiben.
Fresquet malt nun zunächst den linken oberen Teil des Himmels und trägt einen hellen, warmen Grauton auf die feuchte Fläche. Er zieht dieses Grau nach rechts aus und verdünnt es stärker, je weiter er sich den Baumkronen nähert. Auch darüber zieht er die Abstufung mit sauberem Wasser aus, führt das helle Grau anschließend nach unten und fügt nahe dem Horizont eine Spur Karmin hinzu. Dann kehrt er nochmals zum linken oberen Abschnitt zurück und legt dort ein leicht rotstichiges Hellgrau an.
Als nächstes mischt er ein dunkleres Grau und malt mit breiten Pinselstrichen die dunklen Wolken. Aufgrund der Feuchtigkeit verfließt die Farbe langsam und wird etwas gleichförmiger. Fresquet saugt Farbe ab, wo sie sich angesammelt hat, und fügt, falls nötig, winzige Farbtupfer hinzu. „So lasse ich es lieber", erklärt er.
Nun malt er mit Ultramarin, Siena und Karmin den kleinen Schloßberg. Er saugt oben Farbe wieder ab und legt ein karminstichiges Braun darüber.
Mit außerordentlicher Schnelligkeit mischt er den Ocker der Bäume aus Siena und etwas Grün und neutralisiert die Farbe mit Rot oder Karmin, wenn er einen rotstichigen Ocker benötigt, und fügt Ultramarin hinzu, wenn dieser khakifarben werden soll. Dieselbe Skala verwendet er für die Bäume links nahe dem Horizont.

Abb. 138: Beachten Sie, mit welcher Sorgfalt Fresquet die weißen Flächen weiterhin ausspart. Er befaßt sich erst damit, nachdem das bisher gemalte Aquarell völlig trokken ist. Beachten Sie auch die Serie von Grautönen und Abstufungen, die innerhalb der feuchten Flächen entstanden sind und die eine Beziehung zwischen der Naß- und der Trockentechnik schaffen.

Fresquet malt ein Aquarell in der Naßtechnik

Zweites Stadium
(Abbildung 138, vorige Seite)
In derselben Technik wie zuvor malt Fresquet nun den Boden, die Felder und Wiesen, den hellgrauen Streifen für die Landstraße etc. Auch hier feuchtet er zuvor das Papier mit sauberem Wasser an und spart die gesamte Form des Gehöfts, die Fläche für den Bach und die Weißstellen der Baumstämme aus.
Beachten Sie, wie Fresquet die Farben des Bodens und der Wiesen miteinander verfließen läßt. Dies ist bereits das Vorstadium für die Abschlußarbeiten, während derer er aufgrund der Feuchtigkeit des Papiers immer noch korrigieren, etwas hinzufügen oder absaugen kann.

Drittes und letztes Stadium (Abb. 139)
Die am weitesten entfernten Baumstämme malt Fresquet mit einer Lasur aus einem schmutzigen Cremeton, um eine starke Tiefenwirkung zu erzeugen. Anschließend verleiht er ihnen mit Hilfe von gebrochenem Grau die zylindrische Form, läßt bei den beiden vorderen jedoch einen Streifen Weiß für die beleuchtete Seite stehen.
Die hellen Töne des Gehöfts malt er zunächst in der Trockentechnik und arbeitet die Formen später mit dunklen Tönen auf noch feuchter Fläche heraus.
Schließlich malt er die kleinen Formen wie die kahlen Zweige der Bäume, die Schatten der Bäume auf der Straße, das Laub und die Streifen, die die Wiesen voneinander trennen, in der Trockentechnik.
Bleibt nur noch, die Arbeit zu harmonisieren, die eine oder andere Farbe abzusaugen oder zu verstärken und hier und dort etwas Weiß mit dem Nagel wieder hervorzuholen . . .
Die Arbeit ist beendet. Wir kehren nach Barcelona zurück. Morgen wollen wir zum Hafen von Barcelona fahren, denn dort wird Fresquet ein großformatiges Aquarell für uns malen.

139

Abb. 139: Hier das fertige Aquarell, das Fresquet extra für die Unterweisung in dieser Technik gemalt hat. Das Original mißt genau 25 × 32 cm.

Malen Sie gemeinsam mit Fresquet

140

Es folgt die letzte Unterweisung dieses Buches, Ihre Abschlußübung. Sie sollen mit Guillermo Fresquet unter Vewendung aller Farben das Aquarell *Der Hafen von Barcelona* malen, das oben auf dieser Seite verkleinert und auf der Doppelseite 106/107 großformatig abgebildet ist. Die obige Reproduktion und die folgenden Abbildungen zeigen Schritt für Schritt die Herstellung dieses Aquarells. Haben Sie Lust, es ebenfalls zu malen?
Können Sie es sich schon gerahmt irgendwo an Ihrer Wand vorstellen?
Das Originalformat von Fresquets Aquarell beträgt 33,5 × 48 cm. Besorgen Sie sich also ein etwas größeres Blatt gutes Aquarellpapier, zeichnen Sie in dessen Mitte ein Rechteck von 33,5 × 48 cm, und schneiden Sie anschließend das restliche Papier bis auf einen Rand von drei bis vier Zentimeter ab.
Diese drei bis vier Zentimeter benötigen Sie zum Befestigen des Papiers.

Erster Schritt: Aufbau mit Hilfe der Rastermethode (Abb. 141)
Abbildung 141 zeigt eine verkleinerte Version der Original-Bleistiftzeichnung, die Fresquet als erstes hergestellt hat.

Überziehen Sie diese Zeichnung mit einem Raster, und übertragen Sie diesen vergrößert auf Ihr Zeichenpapier.

Entfernen Sie anschließend sorgfältig die Rasterlinien, und feuchten Sie das Papier mit einem Schwamm oder Flachpinsel an.

Abb. 140: Hier das verkleinerte Modell des Aquarells *Der Hafen von Barcelona* von Guillermo Fresquet. Um das Bild in der Originalgröße von 33,5 × 48 cm zu kopieren, können Sie diese Reproduktion mit einem Rasternetz überziehen und vergrößert auf Ihr Zeichenpapier übertragen. Auf diese Weise sichern Sie einen korrekten Aufbau der Vorzeichnung.

141

Abb. 141: Hier die Reproduktion der Zeichnung, die Fresquet von seinem Modell herstellte. Nehmen Sie sie hinsichtlich der Einfachheit und der Synthese ihrer Formen als Vorbild. Sie ist ein Beweis dafür, daß eine rein lineare Zeichnung ohne Licht und Schatten völlig ausreicht.

Erstes Stadium: Anlage des Himmels und allgemeine Farbgebung (Abb. 142–144)

„Man beginnt ein Aquarell stets mit dem Himmel", hat uns Guillermo Fresquet bereits gesagt. Das werden Sie jetzt ebenfalls tun und dabei berücksichtigen, daß der Himmel hier eine wichtige Rolle spielt und auf Anhieb gelingen muß.

Arbeiten Sie dabei in der Naß-in-Naß-Technik.

Das versteht sich eigentlich von selbst, denn es handelt sich um ein Aquarell im klassischen Stil, in dem zahlreiche Stellen in der Naßtechnik ausgeführt werden müssen. Wir gehen davon aus, daß das Papier nach dem ersten Anfeuchten wieder getrocknet ist, und feuchten jetzt mit nicht allzuviel sauberem Wasser die gesamte Fläche für den Himmel einschließlich der Zonen für die Schuppendächer erneut an (sie wird auf Abbildung 142, folgende Seite, durch eine blaue Linie begrenzt). Aber noch etwas Geduld. Wir müssen uns zunächst mit dem wichtigen Punkt der Farbenwahl befassen:

Die dominierende Farbe besteht aus einem bläulichen Siena.

Mischen Sie Ultramarin und Siena gebrannt mit mehr oder weniger Wasser, erhalten Sie bereits eine Farbe, die den meisten Flächen des Bildes sehr nahe kommt: Sie reicht von einem neutralen Grau über ein warmes oder kaltes Grau zu einem stumpfen Blau oder einem graustichigen Siena, je nach dem Hauptanteil der einen oder anderen Farbe. Fangen Sie also an.

Malen Sie gemeinsam mit Fresquet

142

Hier die Farben und ihre Reihenfolge:

Himmel, Mitte rechts (Abb. 142 A): Okker, Kobaltblau und Rot.

Arbeiten Sie auf feuchtem Papier, und geben Sie eine Farbmischung aus Okker als Dominante, ein wenig Blau und einer winzigen Spur Rot in die Mitte der Fläche A.

Sie muß aufgrund der Feuchtigkeit von allein ungefähr bis zum Rand der Fläche A zerfließen (punktierte Linie).

Himmel links und Mitte (Abb. 142 B): Kobaltblau und Siena als Grundfarben.

Mischen Sie davon eine ausreichende Menge, denn dies ist die Hauptfarbe bzw. Dominante des gesamten Himmels. Ziehen Sie dieses bläuliche Siena von Punkt D aus, und lassen Sie es mit dem Ocker an der Begrenzung zur Fläche A verschmelzen.

Wichtig: die Fläche muß immer leicht feucht bleiben.

Sorgen Sie im weiteren Verlauf der Anlage des Himmels für ganz leichte Rosa-, Karminrosa- und Hellgrün-Nuancen innerhalb des dominierenden bläulichen Siena, damit der Hintergrund des Himmels nicht gleichförmig bleibt.

Rauch der Lokomotive (Abb. 142 C und D).

Haben Sie die Fläche für den Rauch der Lokomotive erreicht, sparen Sie das Weiß, wie bei C gezeigt, zunächst aus und ziehen das Siena bei Punkt D als Abstufung für den Rauch aus.

Schwarze Rauchwolke am Horizont (Abb. 142 E)

Arbeiten Sie auf feuchter Fläche, und nehmen Sie eine Mischung aus Ultramarin und Siena mit wenig Wasser

143

auf. Malen Sie die Rauchwolke, und lassen Sie den dunkleren Ton aufgrund der Feuchtigkeit des Himmels verfließen.
Wie auf Abbildung 143 zu erkennen, wird der Himmel unten von zwei Linien begrenzt. Malen Sie mit dem bläulichen Siena bis zur Linie B, und ziehen Sie die Farbe anschließend etwa bis zur Linie A aus, damit sie nicht abrupt endet. Beenden Sie den Himmel auf der rechten Seite (F) mit weiterem Kobaltblau und Siena.

Wie man einen Himmel wiederholt, ohne ein neues Blatt Papier nehmen zu müssen.
Nehmen wir an, daß Ihr Himmel nicht auf Anhieb gelungen ist und es Brüche, Unregelmäßigkeiten oder einen Farbüberschuß gegeben hat. Dafür gibt es eine Abhilfe: Tauchen Sie das Papier so weit in sauberes Wasser, wie der mißratene Himmel reicht. Lassen Sie es abtropfen, und trocknen Sie es. Wiederholen Sie den Vorgang, bis das Wasser die gesamte Farbe des Himmels herausgelöst hat und Sie von vorn beginnen können.
„Es läßt sich nicht leugnen, daß dieses Verfahren nicht immer klappt", erklärt Fresquet. „Es mißlingt, wenn der Himmel mit sehr viel Farbe angelegt wurde."

Dächer der Werkhallen und Lagerhäuser (Abb. 143 C): Ocker, Siena, Ultramarin.
Feuchten Sie die Fläche für die Dächer zunächst mit sauberem Wasser an. Tragen Sie anschließend eine Mischung aus Ocker und Siena mit einer winzigen Spur Ultramarin und einer noch geringeren Menge Schwarz zum Abstumpfen des Ocker-Siena auf.

Malen Sie gemeinsam mit Fresquet

Wände der Lagerhäuser (Abb. 143 D): Ultramarin, Siena und ein wenig Karmin.
Abgestumpftes Dunkelviolett mit einem Stich Siena, das Sie für die Schatten der Dächer mit Ultramarin abschatten.

Boden im allgemeinen: Ultramarin, Okker, Siena, Grün, Karmin.
Tragen Sie zunächst eine sehr blasse Mischung aus Ultramarin, Ocker und Siena gebrannt auf. Fügen Sie anschließend links eine Spur Grün, Siena und Ultramarin hinzu. Fahren Sie mit dieser Farbe bis zur rechten Seite im Vordergrund, und geben Sie hier noch etwas Ocker und eine Spur Rot hinzu. Beenden Sie die entfernteren Zonen mit etwas mehr Siena und ein wenig Grün, und stumpfen Sie die Farbe mit Ultramarin ab.
Achtung! Beim Malen des Bodens die Weißflächen aussparen!

Eingang links: Siena, Grün und Ultramarin.
Vorsicht! Sparen Sie die Fläche für das Pferd aus!

Lastwagen, Frachtgut, Fahrzeuge im Hintergrund.
Der Lastwagen besitzt Grün als Dominante, das mit Siena abgestumpft wurde. Für die Fracht auf dem Pferdewagen benötigen Sie Ocker mit einer Spur Blau, um das grelle Gelb des Okkers abzuschwächen.

Zweites Stadium (Abb. 145)
Ich nehme beinahe an, daß Sie unter Verwendung der bisherigen Farbmischungen jetzt allein weiterarbeiten können. Gewiß haben Sie längst begriffen, welche Farben in der künstlerischen Komposition dieses Aquarells die wichtigste Rolle spielen, nämlich Kobaltblau oder Ultramarin, je nach erforderlicher Leuchtkraft, das fast immer mit Siena gebrannt gemischt werden muß. Auf diese Weise entstehen das blaustichige Grau des Himmels

144

Abb. 144: Diese Abbildung zeigt die Entwicklung des Aquarells. *Der Hafen von Barcelona* bis zum Abschluß des ersten Stadiums. Verfolgen Sie im Text die Beschreibung des Herstellungsverfahrens, und untersuchen Sie die dazu erforderlichen Farben und die notwendige Malweise.

Malen Sie gemeinsam mit Fresquet

und das warme Grau der Gestalten und der restlichen Gegenstände. Hinzu kommen geringe Mengen von Okker und Grün, ersteres, um einen Gelbstich einzuführen, letzteres zur Bereicherung der Farbgebung. Deshalb finden sich hier auch Spuren von Rot und Karmin, und für einige Grautöne sogar Schwarz.

Hier noch einige Beispiele, um das Vorige zu unterstreichen:

Gestalten im Vordergrund: Siena, Blau und Grün.

Seitenwand und Fahrerhaus des Lastwagens: Ultramarin und Karmin.

Fügen Sie beim Malen der blauen Seitenwand eine winzige Spur Siena und beim Anlegen des roten Fahrerhauses eine Spur Grau oder Hellblau zur Farbmischung, um sie abzustumpfen.

Drittes und letztes Stadium (Seite 106/107)

Wir wollen jetzt nicht mehr über die Farben sprechen, sondern auf einige technische Besonderheiten im Abschlußstadium hinweisen.

Pfütze im Vordergrund

Zunächst eine sehr helle Farbschicht, die die Farbe des Himmels wiedergibt. Anschließend tragen Sie die dunkleren Farben für die Spiegelung der Körper und die Schatten auf die noch feuchte Fläche.

Der Boden im allgemeinen

Beim Vergleich der beiden Stadien auf Abbildung 144 und 145 erkennen Sie, daß der Boden mit zwei oder höchstens drei sich überlagernden Schichten gestaltet wurde. Beachten Sie ferner, daß die dunklen Striche für die Schatten in der Trockentechnik angelegt wurden.

Elektrizitätsmast rechts

Dieser Mast wird von vornherein ausgespart oder in einem Dunkelgrau angelegt, das man später im unteren Teil mit dem ausgedrückten Pinsel etwas absaugt und damit aufhellt.

145

Abb. 145: Diese Farbgebung und Abtönung sollte Ihr Aquarell am Ende des zweiten Stadiums erhalten haben. Beachten Sie die Unterschiede im Verhältnis zum ersten Stadium, und vergleichen Sie dieses mit der großformatigen Reproduktion von Guillermo Fresquets fertigem Werk auf Seite 106/107.

BAR
FRESQUET 59

Abschlußarbeiten mit Chinatusche und Rohrfeder

Wie Ihnen gewiß bekannt ist, kann die „Rohrfeder" aus einem einfachen angespitzten und oben abgeschrägten Span bestehen. Betrachten Sie Fresquets Aquarell aufmerksam, erkennen Sie an manchen Stellen innerhalb der Abschlußarbeiten dicke, klare, beinahe schwarze Linien: zum Beispiel in der Kurve der Geleise, am linken oberen Rand der Häuser als Begrenzung der Dächer, an den Hufen der Pferde etc. Fresquet zeichnet diese Striche mit Chinatusche und einer Rohrfeder. Dazu wird die Chinatusche mit Wasser verdünnt, denn die Striche sollen nicht zu kräftig ausfallen. Zu diesem Zweck sollten Sie bereits ein Tintenfaß entsprechend vorbereitet haben.

Mit der Rohrfeder lassen sich hervorragend durchgehende dunkle Striche ziehen. Für gestrichelte oder verwischte Linien wie in Fresquets Aquarell bei den elektrischen Drähten des Mastes auf der rechten Seite muß die Rohrfeder beinahe trocken sein.

147

Abb. 148: Innerhalb der Abschlußarbeiten zieht Fresquet einige Striche mit der Rohrfeder und Chinatusche und betont damit Formen und Begrenzungen wie die Bahngeleise, die Hufe der Pferde etc.

148

Signatur und Fixierung

Was die Signatur ist, weiß man. Und was bedeutet fixieren? Im Handel ist ein Fixativ für Aquarelle, das die Farben nicht nur fixieren, sondern auch brillanter erscheinen lassen soll; denn bekanntlich verlieren Aquarellfarben beim Trocknen zwischen zehn und fünfzehn Prozent ihrer Leuchtkraft.

„Aber Vorsicht", warnt Fresquet zum Abschluß. „Verwendet man zuviel Fixativ, werden die Farben geradezu lakkiert und verlieren das für ein Aquarell charakteristische matte Erscheinungsbild."
Soweit Fresquets letzter Rat.

149

Abb. 149: Eigentlich braucht man kein Spezialfixativ für die Aquarellmalerei, da Aquarellfarben sich nicht von ihrem Malgrund lösen können. Deshalb legt Fresquet nur eine kaum sichtbare Schicht eines Schutzlacks darüber, dessen einzige Aufgabe darin besteht, die Aquarellfarben ein wenig leuchtender erscheinen zu lassen. „Aber Vorsicht", rät Fresquet. „Es darf sich wirklich nur um eine äußerst leichte Schicht handeln, denn sonst verliert das Aquarell sein charakteristisches mattes Erscheinungsbild."

Ein Wort zum Schluß

Um ein gutes Aquarell anzufertigen, braucht man sowohl das Genie eines Künstlers als auch die Geschicklichkeit eines Handwerkers. Ohne Disziplin und Einhaltung gewisser Regeln geht es nicht. Bei der Ölmalerei kann man die Arbeit unterbrechen und später wieder aufnehmen. Man kann in der Eile entstandene Fehler in einer späteren ruhigeren Sitzung korrigieren. Beim Aquarell ist das unmöglich. Hier ist Ungeduld von Übel. Man muß sich zwangsläufig seinen Gesetzen und anspruchsvollen Regeln unterwerfen.
Der englische Aquarellmaler Bacon sagte dazu: „Die Aquarellmalerei beherrscht nur, wer ihren Gesetzen gehorcht."
Doch die Beherrschung dieser Malerei eröffnet einem – wie das Latein im Abitur – ungeahnte Möglichkeiten, mit denen man noch viel mehr über die Zeichnung und die Malerei erfährt. Auch über die Ölmalerei.

150

Worterklärungen

Bindemittel: Flüssigprodukt zum Binden von Farbpigmenten oder pulverisierter Farbe. Bei Aquarellfarben handelt es sich um Wasser und Gummiarabikum, denen häufig Honig, Glyzerin und ein Konservierungsmittel zugesetzt werden. Ölfarben werden, wie der Name sagt, mit einer Mischung aus Öl und Balsamterpentin gebunden.

Büttenrand: Papierrand mit kleinen Unregelmäßigkeiten. Er war bis vor kurzem ein Merkmal für handgeschöpftes Papier, ist heute jedoch auch maschinell herzustellen. Der Büttenrand ist ein Kennzeichen für hochwertiges Papier.

Cutter: Verschiebbare Metallklinge in einem Kunststoffgriff zum Schneiden des Papiers. Beim Schneiden empfiehlt sich der Gebrauch eines Metallineals.

Dominate: Der Ausdruck stammt aus der Musik und bezeichnet den fünften Ton der diatonischen Skala oder die wichtigste Note. Analog dazu verwendet man das Wort in der Malerei für eine dominierende Farbe, die entweder aus einer Einzelfarbe oder einer warmen, kalten oder gebrochenen Skala bestehen kann.

Drittfarben (Tertiärfarben): Die sechs Pigmentfarben aus der Mischung einer Grundfarbe mit einer Zweitfarbe zu gleichen Teilen. Die Drittfarben der Pigmentfarben sind Orange, Karmin, Violett, Ultramarin, Chromoxidgrün und Hellgrün.

Fehhaarpinsel: Pinselhersteller haben von der Pelzindustrie für kanadische und russische Eichhörnchen die Bezeichnung „Feh“ übernommen. Diese Pinsel eignen sich ebenfalls für die Aquarellmalerei. Ihr Haarkörper ist etwas härter und steifer als der des Rotmarderpinsels. Außerdem ist er preiswerter.

Firnis: Nachdem das Aquarell fertig und völlig getrocknet ist, kann man es mit einem Schutzfirnis überziehen. Er wird mit dem Pinsel oder als Spray aufgetragen, verstärkt die Farben und verleiht dem Bild einen gewissen Glanz, den man noch betonen kann, indem man zwei oder mehr Schichten übereinanderlegt. Das wird von manchen Aquarellmalern abgelehnt, nach deren Ansicht ein Aquarell matt aussehen muß.

Flüssige Aquarellfarbe: Aquarellfarben gibt es in Tablettenform, in Näpfen, Zinntuben und in flüssiger Form in Flaschen. Flüssige Farben werden ebenfalls mit Wasser verdünnt. Sie sind sehr transparent und ergeben eine intensive leuchtende Farbwirkung. Sie eignen sich auch für Spritzpistolen.

Gebrochene Farben: Farben aus einer Mischung von zwei Komplementärfarben zu ungleichen Teilen sowie Weiß.

Grundfarben (Primärfarben): Die Grundfarben des Spektrums sind Rot, Grün und Dunkelblau; die Grundfarben der Pigmentfarben sind Zyanblau, Purpur und Gelb.

Gummiarabikum: Diese Substanz, eine Art Harz, stammt von der afrikanischen Akazie. Sie wird mit Wasser verdünnt und zusätzlich zu anderen Substanzen als Bindemittel für Aquarellfarben benutzt.

Karton: Als Karton bezeichnet man eine Zeichnung im kleinen Maßstab auf Pappe, die als Entwurf oder Modell für Fresken, Teppiche etc. diente. Diese „Kartons“ wurden mit Hilfe eines Rasters auf das endgültige Format vergrößert und auf die Grundlage übertragen.

Korn: Das Korn entscheidet darüber, wie rauh ein Papier ist. Grundsätzlich unterscheidet man Feinkorn, mittleres Korn und Grobkorn.

Komplementärfarben: Bei den Lichtfarben handelt es sich um jene Zweitfarben, denen nur eine Grundfarbe hinzugefügt werden muß, um wieder weißes Licht zu bekommen (oder umgekehrt). Gibt man z. B. Dunkelblau zu Gelb (aus den Lichtfarben Grün und Rot), setzt man das weiße Licht wieder zusammen.

Lasur: Hauchdünne transparente Farbschicht, die einzeln oder auf eine bestehende Farbe gelegt wird, um diese zu verändern.

Lavierung: Zeichnung mit Chinatusche und Wasser oder ein bis zwei Aquarellfarben mit Wasser. Als Farben wählt man im allgemeinen Schwarz, Sepia und Siena und arbeitet mit Aquarellpinseln.

Malgrund: Als solchen bezeichnet man jede Fläche, auf der sich ein Gemälde anlegen läßt. Ein Malgrund für Aquarellfarben ist auf Pappe aufgezogenes Papier, das einen kompakten Block bildet.

Malkasten: Blechkasten mit Daumenring und einfachem oder doppeltem Deckel und häufig herausnehmbarem Farbeinsatz. Geöffnet kann der Malkasten als Palette für die Aquarellmalerei benutzt werden.

Medium Nr. 2: Säurehaltige Gummilösung, die – mit Wasser gemischt – eventuelle Rückstände auf dem Papier beseitigt, die Verlauffähigkeit erhöht und die Chromatik der Farben verbessert.

Monochrom: Man bezeichnet ein Aquarell als monochrom, wenn es nur mit einer einzigen Farbe hergestellt wurde (Lavierung).

Naßtechnik: Eine Aquarelltechnik, bei der die Papierfläche zuvor mit Wasser angefeuchtet wird oder man auf einer ersten, noch feuchten Farbschicht malt. Das bewirkt eine Mischung nebeneinanderliegender Farben und führt zu verwischten Formen und Farben. William Turner wandte bereits diese Technik an.

Pigmente: Bestandteile, die – mit Flüssigkeit gelöst – eine Farbe zum Malen ergeben. Pigmente sind meist pulverförmig und organischen oder mineralischen Ursprungs.

Rindshaarpinsel: Rindshaar aus der Schulter des Tieres ergibt Pinsel mit ausgezeichnetem Haarkörper, deren Qualität allerdings geringer ist als die von Rotmarderpinseln. Bei der Aquarellmalerei verwendet man Rindshaarpinsel der Nummern 18, 20 und 24 zum Anfeuchten und Malen großer Flächen.

Rotmarderpinsel: Der Rotmarderpinsel ist zweifellos für die Aquarellmalerei am geeignetsten. Er hält die Wasser- und Farbfüllung besser als jeder andere. Der Haarkörper ist fest, aber geschmeidig. Der Pinsel wird aus den Schwanzhaaren des Kolinski-Rotmarders hergestellt, der in China und der Sowjetunion lebt. Der Pinsel ist teuer, aber haltbar und von ausgezeichneter Qualität.

Rubbelgummi: Er besteht aus flüssiger, leicht gefärbter Gummimilch. In der Aquarellmalerei benutzt man ihn, um kleine Flächen, Striche oder Punkte auszusparen. Rubbelgummi läßt sich übermalen. Man entfernt ihn nach dem Trocknen des Aquarells mit einem Radiergummi oder einfach mit den Fingern. Aufgetragen wird er mit einem dünnen Kunstfaserpinsel Nr. 3 oder 4.

Saugpapier: Papier, das sich aufgrund seiner großen Saugfähigkeit vielseitig verwenden läßt und häufig Lappen überflüssig macht. Saugpapier in Haushaltsqualität benutzt man in der Aquarellmalerei zum Trocknen der Pinsel, Absaugen von Farbe und Hervorholen von Weiß.

Sumi-e-Technik: Eine östliche Maltechnik, die in gewisser Weise an die religiöse ZEN-Bewegung gebunden ist. Die Sumi-e-Technik wird mit verdünnter Chinatusche und einem speziellen Damhirschpinsel – der einen Bambusstiel besitzt – ausgeführt.

Trockentechnik: An sich gibt es für das sogenannte trockene Aquarell keine besondere Technik. Sie entspricht der klassischen Malweise. Das Adjektiv „trocken“ soll sie nur von der speziellen Naßtechnik unterscheiden.

Vedute (italienisch „veduta“ – Ansicht): Landschaftszeichnung, deren zentrales Thema der Blick auf das antike Rom war. Veduten kamen im 18. Jahrhundert in ganz Europa und insbesondere in England in Mode. Sie führten indirekt zum Aquarell.

Zweitfarben (Sekundärfarben): Spektralfarben, die sich aus der Mischung zweier Grundfarben ergeben. Die Zweitfarben der Lichtfarben sind Zyanblau, Purpur und Gelb; die Zweitfarben der Pigmentfarben sind Rot, Grün und Dunkelblau.

Zwinge: Metallring, der die Pinselhaare zusammenhält und mit dem Stiel verbindet. Die Zwinge wird rund oder flach verarbeitet.